“十三五”国家重点出版物出版规划项目

丝路文库
SILK ROAD LIBRARY

丝路文库

西域文化史

〔日〕羽田亨 著
耿世民 译

華文出版社
SINO-CULTURE PRESS

西域文化史

羽田　亨

序

西域文化研究在这半个世纪所取得的显著进展，应归功于在该地区内外学术探险发掘的结果。过去根据散见于中国和西方诸国记录中的史料，关于这一地区提出的许多学说，或被否定或被肯定，同时对过去未曾研究的许多历史上重要的问题重新进行了研究，成功地揭示了古来西域文化之情况，此诚为学术界的快事。新发现的这些贵重的史料在种类和数量上虽很多，但多为残简断片，而且在典籍和记录类中，有的是用现在尚不太明了的语言写成的，这给研究工作带来许多困难；其研究成果只有待之他日。尽管如此，考虑到在目前研究阶段上已能对西域文化画出大概的轮廓，从事这方面研究的人有责任大体上把这些材料综合起来公之于世。出于这种认识，我才不揣冒昧决定刊布此书。

此书曾题作《中央亚细亚的文化》刊行在岩波书店的《东洋思潮》中。现在几乎在每页上都对原书有所增补与订正，并附有主要引用书目和插图多幅。对前书不完备之处，略得补正，幸甚。

羽田亨

昭和二十二年九月十日

目录

前　篇

第一章　绪　论　（003）

第二章　西域的民族　（009）

第三章　西域史的曙光　（017）

第四章　亚历山大的东方经略与巴克特利亚及安息　（021）

第五章　民族的移动　（027）

第六章　汉之西域经略　（029）

第七章　贵霜王朝　（033）

第八章　哌哒、突厥之活动　（035）

第九章　唐之西域经营与伊斯兰教势力之东渐　（039）

第十章　回鹘的西迁　（043）

第十一章　蒙古的中亚经略及其以后 （045）

后　篇

第一章　西域与希腊文化 （051）
第二章　粟特人与商业 （057）
第三章　粟特语及天山南路通行的诸种语言 （063）
第四章　西域流行的各种宗教及其典籍 （069）
第五章　宗教美术 （083）
第六章　西域与汉文化 （099）
第七章　回鹘的西迁与西域文化 （107）
第八章　突厥族与伊斯兰教 （115）
第九章　帖木儿王朝与突厥文化 （121）
第十章　其后之概观 （127）

图版目录

卷　头　克孜尔千佛洞壁画 （011）
图　一　贝希斯屯摩崖碑 （018）
图　二　大夏诸王之货币 1，2，3 （053）
图　三　于阗、龟兹、吐火罗诸佛典 1，2，3 （058）
图　四　粟特语文书及叙利亚语墓志 1，2 （065）
图　五　汉文摩尼教及基督教经典 1，2 （074）
图　六　敦煌千佛洞 1，2 （084）
图　七　克孜尔千佛洞壁画供养人像 （085）
图　八　克孜尔千佛洞画家像 （086）

图　九　飞天图 1，2，3（090）
图　十　库木吐拉千佛洞唐代壁画之飞天（091）
图十一　库木吐拉千佛洞晚唐时代之壁画（092）
图十二　摩尼教绘画 1，2（096）
图十三　基督（？）画像（097）
图十四　木简、竹简 1，2，3，4，5a，5b（103）
图十五　《陀罗尼神咒经》（111）

前　篇

第一章　绪　论

西域一名，古来用作泛称中国以西诸国，或只限于用来称呼葱岭以东的所谓天山南路地方。本书则指一般称作中央亚细亚的地域。但所谓中央亚细亚地区在学术上并未划出一定的界限，有的学者指出有广、狭二义的区别。我用此名来指大体上相当于亚细亚大陆的中央部分，包括广大不通外海的河水流经的诸地方。从而此名称所包括的地域，大略指以帕米尔 (Pamir) 高原为中心，东面包括注入罗布泊 (Lop Nor) 的塔里木河流域的东突厥斯坦 (Turkcstan)，即新疆天山南路地方，北面包括流入伊塞克湖 (Issyk Kul)、巴尔喀什湖 (Balkash Nor)、阿拉湖 (Ala Kul) 等的河流流域的地方，亦即包括伊犁、准噶尔盆地等在内的天山北路地方；西面包括楚河 (Chu)、塔拉斯河 (Talas) 流域和注入咸海 (Aral) 的河流流域的地方，亦即西突厥斯坦；南面以昆仑山脉、兴都库什 (Hindu Kush) 山脉为界。德国地理学家李希霍芬 (Richthofen)[1] 曾用此名指诸水成潴不通流的亚细亚大陆盆地地方，大体包括南从西

① F. V. Richthofen: *China*（《中国》）, I, 1877, p. 7.

藏高原北到阿尔泰山脉，西从帕米尔分水岭东到黄河分水岭及大兴安岭山脉地区，而帕米尔以西注入咸海、里海诸河流域则与其余地方一起划入其周围地区。我从历史研究的立场出发，把这一周围地区的一部分也包括进来。

这一地区东面为中国东部、蒙古，西面为波斯，南面为印度、西藏所包围，处于亚洲诸大势力之中央，应自成一区。然而对各种情况稍加深入研究，就会发现并非完全如此。从地理、人种、文化等方面来看，这一地区至少可大致分为三个地方，即：第一为天山南路地方；第二为葱岭以西，以锡尔（Syr）、阿姆（Amu）两河之间为中心的地方；第三为天山北路和俄属七河省地方。这些地方各以高山、大河相隔。据有此地的人种，也因时代不同而各不相同，从而在文化上也有明显的差别。从这方面来说，这些地方应分别对待，作为一个整体来研究其间的历史发展似有些不太合理。但从另一方面来说，古来这些地方曾发生过很密切的政治关系，有时大部分、有时全部统一于一种势力之下。即使不是这样，在因相互并立而发生侵略或联盟时，山河自然的阻隔也未曾阻止其相互间的密切关系。这样就在原来不同的人种、文化方面，自然产生了相互的融合。正如后来这些地区称作突厥斯坦所表明的，突厥人在整个这一地区最后成了主要居民。除了西面进入波斯、据有小亚细亚进而侵入欧洲的部分外，在研究其余突厥族的历史时，不能不把居住在这一地区的民族作为一个整体来考察。所以，尽管这些地方相互间存在各种差别，但作为一个整体——中央亚细亚来研究其文化发展的历史，不但是可行的，而且也有充分的理由。单从它处于中国与波斯、印度诸大国中间这一地理位置来说，就不能漠然视之为简单的地理概念。

再有，应注意的一点，这种研究除其本身的目的外，尚有另一重要意义，即其不仅关系到中央亚细亚，而且对其邻近诸国历史研究上也有极重要的关系。在研究上述诸国相互间的政治、文化交往事迹时，如忽略了对此地区的研究，也是达不到目的的。这样说并不过分。因为如前所述，中央亚细亚这一地区或为中国、波斯、印度诸国所占有，或为突厥、蒙古、西藏等剽悍民族占据之地所包围。从地图上一查可知，位于其中央的这一地区绝不具备出现强大国家的自然条件，古来也未兴起过以此地区为根据地的大势力。这一地区仅在14世纪末出现过强大的帖木儿帝国，而这一点毋宁说是历史上的例外，只是由于当时亚细亚诸国的情势才使它称霸一时。所以，历史上这一地区经常受其周围势力的侵略，成为各方争夺的目标。就中央亚细亚本身而言，由于上述各种不同情况，也不能一概而论。作为侵略的目标来说，其间也有不同。例如，中国古代曾多次对所谓狭义上的西域进行经略，正如像当时经世家所说，保有此地，除了能达到避免北方剽悍民族侵掠其本土的主要目的外，还能确保通往西方的贸易交通。而从北方民族的角度来看，经略此地除了获得贡物外，还便于攻掠中国内地。而西突厥斯坦就其富庶而言，远远超过前者。所以作为攻略的目标来说，理由也有些不同。从其西部的波斯对东北方的游牧民族来说，或从这些游牧民族对波斯来说，情况也和前面所讲的一样。实际上两者之间曾对西突厥斯坦进行过多次的争夺战。所以中央亚细亚这一地区，伴随其周围国家和民族势力的盛衰，虽然程度不同，总是处于被统治的地位，这一点几成为不可避免的命运了。中央亚细亚，一方面是周围诸大势力的缓冲地带，另一方面相互远隔的亚细亚各大强国又通过此处联结起来，建立了不可分离的相互关系。

中亚同其周围诸国的密切关系不仅表现在政治上，也极其明显地表现在文化历史上。东方中国，南方印度，西方波斯、阿拉伯、希腊、罗马等诸方文明的交流传播情况，是历史上最有兴趣的现象，也是重要的研究课题。而这种文明的交流传播，不言而喻，是以相互间的直接或间接交通的存在为前提的。东西交通在海路交通发达以前，中央亚细亚是最普通的通道。就是在海路发达之后，如取陆路也必须经过此处。不仅从波斯、阿拉伯、欧洲东来，就是从南方印度来中国，通常也是先北上进入中亚，然后再折向东方。对中西交通之初和前后开拓的蒙古地方与西方交通而言，无疑也是经过这一地区的一部分。所以在东西交通史上或东西文明传播史上，此地区的历史也具有很大的意义，但应强调指出，从来在这一点上认识到西域史意义的人，只是注意到东西交通通过此处，东西文明经过这里相互传播，而进一步对它如何行于此地，如何发展等方面，则未太注意。这是西域史研究尚处于开创时期不可避免的情况。凡如文明的传播等现象，在过去主要靠陆路交通的情况下，从甲地传到乙地，原则上一般都是渐次波及相互邻近的地区，然后才间接地传到远方（飞越中间地方是极少的特殊情况。海路交通只经过比较少的港口，与陆路不同）。例如西方诸宗教的东传，在其传入中国以前，必须经过当地通道的西域地方，也即经过富有宗教热情和思想的伊兰人种或与其类似的人种居住的地方。这些宗教先传入此地，然后再从这里传入中国内地，这应是很自然的事。艺术和学术的传播也是如此。要之，在东西文明相互传播上，此地区起一种纽带作用。这一点也与上面所谈这一地区对周围诸国政治方面的位置相当。作为其间的纽带，诸方文明在这里或因相互融合，或因当地民族融入了自己的东西而产生一些变化，甚至出现与本来面貌很不相同的东西，但仍以本来名称向东西方传播。在这种情况下，如不研究此纽带地区的文明，而径直研究处于两端的东西，那是不能得其正鹄的。所以，对于此地文化史的研究，除有其自身的重要意义外，对周围诸国文化史的研究也具有重大意义。

以上我们规定了所谓西域一词的含义，说明了西域史成立之所以，也简述了其在范围广大的东、西方历史上的意义。以下所论述的当然是以此地为中心。但由于历史上的复杂现象，常常要求在地理上超出这一范围，况且西域史的一半意义尚在于其与周围诸国的关系。所以叙述上或从中国内地入手，或涉及波斯和蒙古，这在我看是自然的事情。

本书当然主要是论述古来西域文化发展的踪迹，但为了更好地理解这方面的论述，要求要有关于居住在此地区民族的知识及一般史实的预备知识。由于一般人对这方面的情况不大了解，加之这方面的参考书又缺乏，所以现特分前后两篇论述。前篇主要概述一般史实，后篇论述文化。

第二章　西域的民族

现据有西域亦即中央亚细亚的民族为突厥人（如突厥斯坦一名所表示的），但古代未必如此。从前章所述中亚属于三个区域考之，天山北路到谢米列契（七河）一带，从记录时代之初起是否就是突厥人的居住地，这一点还不易判定。据前汉到南北朝（公元前2世纪到公元5世纪）的记载，今伊犁、天山北部山谷之间的地方为乌孙族所据有，他们与中国有密切的关系。此族之语言依现存资料认为是属突厥语。但唐代颜师古谈到乌孙的容貌时说："乌孙于西域诸戎，其形最异，今之胡人，青眼赤须，状类猕猴者，本其种也。"[1]据此，不能一概断定为突厥人。颜师古所用胡人这一名称，当时无疑是指以今撒马尔罕（Samarkand）为中心的粟特（Sogdiana）地方的人，即伊兰人种。所谓"青眼赤须、状类猕猴"，正是这一人种风貌的描写，而不是指突厥人。类似的例子尚见于他处。如现为突厥种之一的吉尔吉斯（Kirghiz）族（汉代称坚昆、鬲昆，南北朝时称契骨、居勿、结骨，唐代称纥挖斯、黠戛斯。其语言至少在唐代已突厥化），关于其容貌，《新唐书·回鹘传下》附《黠戛

① 《汉书·西域传·乌孙》条注。

斯》条中说："人皆长大，赤发、晳面、绿瞳，以黑发为不祥。黑瞳者，必曰〔李〕陵苗裔也。"这也绝不是突厥人的容貌，而应为伊兰人的种族特征。突厥族一般传说以狼为族祖。唐段成式的《酉阳杂俎》卷四中也说"坚昆部非狼种"，也就是说黠戛斯人非突厥种。根据这些记载，唐代据有今叶尼塞河上游明显操突厥语的黠戛斯族，本来不是突厥种，而是一种雅利安种，以后随着时间的推移才突厥化的。颜师古关于乌孙的记载可能不是简单的臆说，有何根据我们无从知道了。欧洲学者中有人认为乌孙当是古代记录中属雅利安种的游牧民Assi族[①]。而乌孙是在前汉文帝时代驱逐了从今甘肃省内逃到这里的大月氏族而据有该地的。而大月氏又驱逐了在此之前的塞族据有该地。关于塞和大月氏属于什么人种的问题，虽尚未确定，但一般认为属雅利安种。果如是，则大月氏在记录之初人种分布上，作为雅利安种东进的先锋，竟一直进入甘肃省区域了。

谢米列契（七河）省南部一带从汉代起就住有称作康居的部族，其势力及于粟特地方。其生活状态和语言，也认为是属突厥种，关于此族没有像乌孙和黠戛斯那样有关于容貌特征的记载。把它说成是属突厥族于记录上不是什么不合适的。但语言、风俗、生活情态的相同或近似，并不是说人种也完全相同（如前述黠戛斯人的情况）。时代越往后，人种混合的程度越深，一般已不存在纯粹的种族类型，也不能以今日世界人种知识来细致区分古代民族。康居何时据有该地也不清楚。再有，是否当这一带住有如康居族时发生了雅利安系种族的入侵，反之，或当雅利安种族扩张时发生了如康居的突厥种族的侵入，这些都属于史前的范围，现在难以判定。总之，当此地有记录之初，从天山北路到谢米

① W. Kingsmill,《公元前中国与西域及邻近国家的交流》，载 *JRAS*, N. S, Vol. XLV, 1882, p. 74—104；Charpentier,《吐火罗人的人种位置》，载 *ZDMG*, 71 Bde, 1917, s.347—388。

卷头　克孜尔千佛洞壁画

列契一带，就住有可认为是属于雅利安系和突厥系的游牧种族。之后，随着形势的变化，到前汉武帝时代（约公元前130年），大月氏又往西南方向迁移；代之而起的是突厥语族的乌孙据有该地，直到南北朝时期，无疑地，纯粹突厥种族占有此地应是以后的事。

关于天山南路的民族，由于对该地进行发掘所得语言、绘画、骨骼、头盖骨等材料的研究，至迟在公元前后主要是为雅利安种族所居住，这是没有疑问的。

关于锡尔、阿姆两河之间的地方，即其中央有名的索格底亚那沃地的居民，这里有必要略微深入地谈一谈。20世纪中叶学术界曾风行一种认为该地的某一地域是雅利安种族原住地的学说[①]。现在尚有一部分人坚持此说。现简述该学说何时、基于何种理由、由何人所提倡的过程。

由于欧洲比较语言学的发达，在18世纪末，欧洲学者热心研究梵语（印度古语）、赞德语（波斯古语）等，从而发现它们与希腊语、拉丁语、日耳曼语、凯尔特语之间在词汇和语法方面有许多相同点。1786年琼斯（William Jones）提出这种相同点出自共同根源的学说，实为此学说奠下不可动摇的基石。1833年后，德国语言学家鲍朴（Framz Bopp）刊行了梵语、赞德语、希腊语、拉丁语、立陶宛语、哥特语、古代斯拉夫语、德语等比较语法[②]，建立了印欧比较语言学这一学科。据此研究，欧洲现存语言（除巴斯克语、芬兰语、匈牙利语、土耳其语等以外）都属于同一语系，与亚洲现存语言中属于梵语系统的印度诸语，属于赞德系统的伊兰诸语（Iran与Arya为同一词源，

---

① *Asiatic Researches*《亚细亚研究》T. 1, p. 422 以及 Benfcy, *Geschichte der Sprachwissenschaft*《语言学史》,1986, p.348.

② Vergleichende Grammatik des Sanskrit, Zent, Griechischen, Lateinischen, Lathanischen, Gothischen und Deutschen（梵语、赞德语、希腊语、拉丁语、立陶宛语、哥特语及德语比较语法）。

为波斯称雅利安民族之用语）以及阿尔明尼亚语等有密切关系，都包括在所谓的印度—日耳曼语系之名下。于是，进而提出这些语言属于同一种之语言必有其本源之母语，而说这些语言的人应出于同一祖先的学说。这种学说最初出现在从事语言学研究的人们中间。他们根据梵语、赞德语是印欧语最古形式这一点，提出亚洲、尤其是中央亚细亚为该语言之摇篮地。如波特（Angust Pott）认为由锡尔河、阿姆河两大河所灌溉的喜马拉雅山之北、里海之东地方为此民族之发祥地。此说至20世纪著名梵语学家缪勒（Max Müller）遂其大成，几成为当时学术界之定说。他把鲍朴等称作印度—日耳曼语、法国英国学者称作印度—欧罗巴语的语言简称之为雅利安语。把这个原指印度伊兰语的名称用来总称印度—欧罗巴系的语言，并于1861年提出印度人、波斯人、希腊人、罗马人、斯拉夫人、凯尔特人、日耳曼人等的祖先是曾住于同一房顶之下的雅利安族的理论[①]，并因语言上同一形式保存在所有雅利安族中而认为在印度人、波斯人之祖先向南方和希腊人、罗马人、凯尔特人、条顿人、斯拉夫人等殖民统率者迁到欧洲海岸之前，雅利安人的一小部分大概居住在中央亚细亚的最高地，说一种尚未分化为梵语、希腊语、日耳曼语，但已有此等诸语言的方言胚胎的语言。

但19世纪欧洲学术界之进步，不仅限于语言学。这期间人类学、史前考古学、地质学也大大发展了。依此等新兴学科研究者之研究则与上述学说不相容。于是雅利安民族中央亚细亚起源说受到了动摇。依人类学者、尤其是头盖骨学者和史前考古学者搜集的许多宝贵材料研究之结果，居住在现今西班牙、法国、丹麦、德国、英国等广大地区的住民的大部分是在新石器时代或甚至旧石

① Max Müller, *Lectures on the science of Language*（《语言科学讲话》），1st Series, pp.211–212; *Survey of Languages*（《语言研究》），p. 29.

器时代就成了据有同一地方的未开化民族的后裔，而与语言学家基于比较语言学的学说不相容。加之语言学家进一步基于语言的古生物研究也未对此种学说带来有利的东西，他们在原始印欧语中未能发现产生于中央亚细亚的动植物名称，相反倒是有产生于欧洲的古生物名称，这也对雅利安人从里海东部地区迁移的学说造成了障碍。此说1868年一直为本费（Benfey）所主张[①]。而依其意见该摇篮地应在黑海北寻求。之后盖格（Geiger）[②]依同样方法认为应在更西北方寻求，即应置于中央及西部德国之地。1871年库诺（Cuno）[③]提出北欧地区是雅利安民族发祥地的说法。还有施拉德（Schrader）[④]提出的两根据地学说——北欧是欧洲雅利安人之根据地，中央亚细亚的锡尔河地方是亚洲雅利安人的根据地。关于前者，他认为没有迁自东方的根据。在有证据的最早时代，他们曾向南方和东方扩大，在语言分裂前他们据有的地方应在阿尔卑斯山之北方。关于后者，讲梵语的民族从西北进入印度，在吠陀（Veda）时代已位于印度河岸。印度人和伊兰人虽一起住在喜马拉雅山北方的某一地方，因为两者都有关于药杀水（Yaxartes，即今锡尔河的左面。——译者）的传说，其早期居住地应在此河岸寻求。当以此说为妥当。至少他提出的关于狭义的雅利安族（印度伊兰人）的发祥地问题已为多数学者所一致承认。至于时间，大约在公元前一千五百年。这种雅利安人的一部分进入印度驱逐了非雅利安人的先住民而渐次得势，同时另一部分进入波斯。而其在中亚及波斯

① Benfey 说见 1868 年为 Fick, *Vergleichendes Wörterbuch der Indogermanischen Sprachen*（《印欧语比较字典》）一书所写的序言。

② Geiger, *Zur Entwickelungs geschichte der Menschheit*（《人类发展史》），S.113–150.

③ Cuno, *Forschungen in Gebiete der alten Völkerkunde*（《古代民族学研究》）。

④ Schrader, *Sprachvergleichung und Urgeschichte*（《语言比较与原始历史》）。

方面的同族人称为伊兰人（Iran）（如前所述为Arya一语的另一形式）。记录时代之初无疑此族占有从锡尔、阿姆两河间到越过阿姆河的波斯地方。

中央亚细亚历史的曙光时代的民族分布情况即概略如上所述。要之，雅利安人或类似他们的民族几分布于这一整个地区，其中一部分混有突厥族或与其类似的民族。这样说不会太错，至于以后的变化，详见后文。

第三章　西域史的曙光

据公元前5世纪到公元前4世纪初滞留在波斯搜集关于东方知识的希腊史学家Ktesias所述[①]，波斯阿赫买尼德（Acaemenid）王朝的始祖居鲁士（Kyrus）大王曾越过妫水（阿姆河。——译者）征伐索格底亚那地方，并在其东端建立了居鲁士城（Kyropolis）。生活在公元前后1世纪的斯脱拉波（Strabon）[②]所著的《地理书》中，也记有此为居鲁士所建最后之城，临药杀水，位于波斯帝国的极界。建设此城为了防止药杀水彼岸方向的游牧人种，即包含在希腊人泛称为斯基泰人种中的部族的入侵。其位置一般认为相当于今撒马尔罕东的乌拉求别（Uratube）[③]。公元前6世纪后半叶就在属于伊兰人种的大征服者与游牧人种的对抗中，此地的历史发出了曙光。在拜火教的经典《赞德—阿维斯塔》（Zend-Avesta）中说Ahura Mazda神在巴克特利亚（Bactria）即今之巴尔克（Balkh）

---

① 参见*Indian Antiguares*（《印度古物学》）中Mecrindle之译文，1882年加尔各答单行本。

② Hamilton & Falconer, *Strabo's Geography*（《斯脱拉波地理书》），Vol. II, p. 54.

③ Schwarz, *Alexander des Grossen Feldzüge in Turkestan*（《亚历山大对突厥斯坦之远征》），1893, S. I.

图一 贝希斯屯摩崖碑

此碑位于波斯哈马丹西南六十五英里之地，刻于高约五百英尺峭壁上。其下和左右方用波斯语、苏萨（Susa）语、巴比伦语三种语言记大流士王之武功。图中央高处雕的是Ahuramazda神，左边第二巨人像（五英尺八）为大流士王，右手举向神，左足下踏着降人，表现正在检阅捆着两手、脖子上拴有绳子的九个敌俘的情景。

地方最初创造了人，该书中并屡见有索格底亚那（Sogdiana）等名字。还有Ktesias在谈到亚述（Assyria）盛时征伐诸方的传说时，也见有索格底亚那的名字。但很难认为是有关此问题的确实史料。

在同王朝大流士（Darius）王的刻于公元前521年左右的著名的贝希斯屯（Behistun）[①]纪功碑中（见图一）记载马尔格亚那（Margiana，即今之木鹿Merv）叛乱时，王遣其臣下巴克特利亚知事达德尔舍施（Dādershish）去讨伐并使其归服之事，在列举王的邻属地区时见有Parthava=Parthia（安息）、Zaranka=Drangiana（德兰格亚那）、Haraiva=Aria（阿里亚）、Uvārazmia=Chorasmia（花刺子模）、Bākhtris=Bactria（巴克特利亚）、Suguda=Sogdiana（索格底亚那）、Gandāra（犍陀罗）、Saka（塞）等名字。在同一国王的纪功碑Persepolis碑文中，和据说做成于公元前486年的Nakhs-īRüstam王的墓碑中，也看到有上述地名。生活在公元前5世纪的历史学之父希罗多德（Herodotos）在列举大流士王所定的纳税区域时，记有安息人、花刺子模人、粟特人、阿里亚人等名。这些文献是说明这些地方曾属于阿赫买尼德王朝统治下的最古老的记录。在这些地方中，尤其是巴克特利亚（大夏）及索格底亚那（粟特）曾是伊兰人之根据地。古代伊兰人生命的脉搏特别明显地跳动在大夏，这一点也与波斯所有传说相一致。作为伊兰精神文化的琐罗亚斯德（Zoroastra）教（拜火教。——译者），实际上首先是在大夏传播的。据说居鲁士大王之养子罗赫拉斯普（Lohrasp）居大夏做火的祭坛，继其后的古施塔斯普（Gustasp）也居于此地。此时Zarathustra即琐罗亚斯德本人来到此地祈愈了罗赫拉斯普王之病后，益发得到古施塔斯普王之信赖，其王子伊斯分狄亚尔（Isfendiyar）为传播其教向各方进行了征伐。

---

① *The Sculpture and Inscription of Darius the Greet*（《大流士大王纪功碑》），1907，大英博物馆出版。

前面谈到雅利安人的摇篮地曾为药杀水流域的某一地方。伊兰人从那里往南往西迁移时，最初遇到的乐土当为肥沃的扎拉夫尚（Zarafshan）河流域的索格底亚那，此名为Suguda原名的希腊语变体。原名为“做成漂亮的神圣清洁之地”之义①。在原住地主要经营游牧生活的伊兰人，到此肥沃之地后遂转入定居的农耕生活。此事发生在何时虽不能确知，但到记录时代出现粟特之名时，此地已表现有以此教为中心的独特之伊兰精神。亚历山大大王在席卷波斯侵入此地时曾屡遭挫折，就是这种精神之表现。

当时妫水南部之重要地方为巴克特利亚。索格底亚那地方之中心为现在的撒马尔罕，即当时希腊人记录中的马拉坎达（Maracanda）。据公元1世纪罗马作者Curtius②所记，亚历山大进攻马拉坎达时，此城有内城、外城，各围以城墙，外城墙长70 stadia（13公里）。此地临扎拉夫尚河，当时应已有运河相通。关于其地肥沃之状已见诸希腊人之记录。后来阿拉伯地理学家称拥有此城之粟特谷地为他们所知道的世界四大乐地之一③。与撒马尔罕一起的尚应有布哈拉（Bokhara），但在关于亚历山大入侵的记录中不见此地名。学者中④认为马拉坎达是粟特都城之一。另有只记作Sogda的应指布哈拉。Sogda既用作地方名，也用作都城名。Sogda为粟特之夏都，布哈拉为其冬都。

关于中亚城区之记载不甚明了，到了中国的汉代，才有确切的记载。

① Tomaschek, *Centralasiatischen Studien*（《中亚研究》）SPAW, 1877,S.74.

② Schwarz, *Alexander des Grossen Feldzüge in Turkestan*（《亚历山大对突厥斯坦之远征》），1893, S. I，第43页。

③ Tomaschek, *Centralasiatischen Studien*（《中亚研究》）SPAW, 1877, S.74，第227页。

④ Schwarz, *Alexander des Grossen Feldzüge in Turkestan*（《亚历山大对突厥斯坦之远征》），1893, S. I，第41页。

第四章 亚历山大的东方经略与巴克特利亚及安息

波斯阿赫买尼亚王朝的势力为马其顿的英雄亚历山大大王之东征所粉碎。公元前331年在高伽米拉（Gangamela）战败后，其王大流士三世逃到东方，为巴克特利亚督办柏萨斯（Bessus）所杀害。亚历山大又讨伐柏萨斯，于公元前329年进入巴克特利亚，更穷追越过药杀水。在三年的活动中完成了经略从巴克特利亚到索格底亚那的事业，于药杀水河岸以及其他诸方筑有同样的亚历山大里亚城。此地一般认为相当于今之霍占德（Khodjend）[①]。亚历山大的远征虽轻易地席卷了波斯，但在这里却遭到了败北，大王本人也陷入险地几乎不能脱身。平定索格底亚那后，大王返回巴克特利亚，并以此地为根据地，于公元前327年挥师南下，攻略印度。其后四年，即公元前323年突然病死在凯旋途中。以亚历山大大王之武略及其将士血汗换来的马其顿所属各地马上

① Tomaschek, *Centralasiatischen Studien*（《中亚研究》）SPAW, 1877, S.74，第122页；Schwarz, *Alexander des Grossen Feldzüge in Turkestan*（《亚历山大对突厥斯坦之远征》），1893, S. I，第47—51页。

陷入内乱，世界大帝国之梦想因之烟消云散，出现了割据诸方的武将独裁政治。公元前306年，塞流克斯·尼卡托尔（Seleucus Nikator）攻占巴克特利亚，便入侵印度，为孔雀王朝（Maurya）之始祖旃陀罗笈多（Chandragupta）所击退，不得不放弃印度河到Paropamisus的地方而媾和。不久，公元前301年塞流克斯统一了马其顿所领全部亚洲地方，建立了塞流克斯王朝。之后50年间，关于巴克特利亚无任何记载。到公元前256年，安提奥克斯二世（Antiochus II）时代，大夏知事狄奥多德（Diodotus）背叛塞流克斯朝，建立了所谓的大夏国。但此地依然是在希腊人统治下。几乎与此同时，即公元前248年，大夏西邻的安息毅然推翻了希腊政权，建立了安息人的独立国家。

安息人无疑属伊兰人种。此时有该国人名叫阿萨息斯（Arsaces）者从本国被逐出，逃到乌浒河流域的同族Dahae种之间。他竖起了反抗安息境内希腊人暴政之大旗，后返回本国，杀掉知事，建立了阿萨息斯王国。所谓阿萨息斯王朝是以相当于现在Tedjend河或Atrek河的Okūs河流域为根据地的，汉史之安息国即指此。

现略述其后之大夏情况。公元前245年，狄奥多德二世立，不久，公元前230年，有名叫尤提狄毛斯（Eutydemus）者篡其位。稍后，公元前223年塞流克斯朝的安提奥克斯三世（Antiochus III）即位，征安息王阿尔塔巴奴斯（Artabanus），并于公元前209年征大夏，破尤提狄毛斯军。这时大夏以要召药杀水彼岸的斯基泰游牧民进行援助来威胁安提奥克斯三世。如前所述，大夏是东方希腊势力的前卫，此地如落入他们所谓的蛮族手中，希腊人之势力也就完了。所以安提奥克斯三世遂与尤提狄毛斯缔结和约，承认他对大夏的统治，并率军进入印度。

大夏王尤提狄毛斯之权力达到何地并不清楚，但依其货币的分布情况来看，他不仅领有大夏和粟特地区，其权力并达到南越兴都库什山的一些地方。继尤提狄毛斯之后嗣位的为著名的狄米特里乌斯(Demetrius),他于公元前190年即位。此王曾越过兴都库什山占有包括喀布尔到旁遮普一带的北印度的大部分。斯脱拉波[1]也记述说希腊人凭借大夏之肥沃和优越地位成为Aryana及印度诸方之领主。这点,一部分应归功于弥兰陀(Menander),另一部分应归功于狄米特里乌斯。所谓弥兰陀即巴利语佛典中之Milinda和汉译佛典中之弥兰陀。

希腊人的势力南越兴都库什山到达喀布尔河流域,并在那里继续维持下来,从而为希腊文化多少移植于印度奠下基础的为狄米特里乌斯时代。此前如亚历山大、塞流克斯、安提奥克斯等虽也曾侵入印度,但都不过是一时之现象,未曾对希腊文化光被岭南之地起到什么明显的影响。在这一点上,狄米特里乌斯岭南经略值得注意。

这样出现了大夏领有岭南岭北广大地区的极盛时期。巴克特拉城(Bactra)作为其首都也十分繁荣。公元前174年趁狄米特里乌斯经略岭南之际,尤克拉提德斯(Eukratides)于大夏反叛而即王位,并与狄米特里乌斯进行长期的争夺战,结局以狄米特里乌斯之失败(于公元前160年为尤克拉提德斯所杀或赶下台)而告终。但尤克拉提德斯在战胜狄米特里乌斯的凯旋途中,于公元前156年为其子阿波罗多特斯(Apollodotus)所杀,阿波罗多特斯不久又为其兄弟赫里奥克勒斯(Heliocles)所杀。赫里奥克勒斯为希腊人所建大夏王国的最后君主。

这时期索格底亚那的情况因缺乏史料而不清楚。在大夏末期诸王时代,其统治似还达不到那里,而药杀水彼岸之游牧人种则渐次扩展其势力于此。

当大夏处于上述混乱状态时,其西邻安息乘机发展。阿萨息斯一世在位仅二年就战殁。其弟提里达特斯(Tiridates)即位,渐次有

① 《地理书》, X. I. C. XI。

所发展。塞流克斯朝之塞流克斯二世曾对其进行讨伐，但提里达特斯得到一部分斯基泰人的援助而获胜。此次胜利实际上意味着安息之独立。

安息的首都希腊人称之为Hecatompylos，汉人称之为喝克汤白洛斯（译者按：原文如此！）。提里达特斯不喜欢其首都之希腊色彩，而打算迁都于形势险要的达拉（Dara）城。这表现了要驱逐希腊文化而发扬安息文化的精神。

其后经过三世，著名大王米特里达特斯（Mithridates），公元前174—136年在位，为安息国之极盛期。开拓了东越兴都库什山到达印度河流域，西及幼发拉底河的广大版图。这是因为上面谈到的大夏末期之内乱和塞流克斯王朝西方多事、无暇东顾的结果。

米特里达特斯之后，其子符拉达特斯（Phradates）二世立，又与塞流克斯朝相争并破之。但他在这次战争中因招来斯基泰部族人而种下祸根，并在与后者之战斗中败殁。利用斯基泰人之勇武是安息朝兴起以来之惯例。不仅安息如此，大夏在危急时也曾要借其援助。以后，同样的事情历史上尚有过多次，这一点正如中国与塞北人之关系一样。要之，亚细亚开化与未开化民族之对立是古今常见之现象。之后，新王阿尔塔巴奴斯二世立，此王也在与斯基泰族中之吐火罗人（Tochari）的战斗中于公元前124年战死。

此处之吐火罗族不外就是斯脱拉波[1]所记"斯基泰人中最有名的为夺占大夏的Asioi、Pasianoi、Tokharoi、Sakarauloi等来自药杀水彼岸的"四部中的吐火罗。这些斯基泰族渐次南下，并夺取大夏。该地希腊人势力（前述之赫里奥克勒斯王是最后的一个）不得不退到兴都库什山以南。

大夏之希腊人实际上从狄米特里乌斯和尤克拉提德斯之后已次

① 《地理书》，XI. C. VIII。

第移到岭南，特别是犍陀罗 (Gandāra) 地方，从而大夏渐渐空虚起来。总之，亚历山大东侵以来近二百年间，占据伊兰文化发祥地大夏的希腊人，最后被逐出此地。

第五章　民族的移动

从中国之殷周时起，匈奴种族据有今陕西省之北部地方，并与汉民族有了接触。匈奴之西，今甘肃省地方，尤其是西边的敦煌地方，不知从何时起（大概在战国时代）已为月氏种族所据。之后，月氏渐次扩张其势力。据《史记》《汉书》记载，汉初其东境已扩展到今甘州南的祁连山地方，据有河西一带。此时匈奴有冒顿单于出，威震四邻，曾痛击月氏。之后到老上单于时更击破月氏而杀其王。于是月氏遂弃河西之地逃到今伊犁地区，并驱逐居住在这里的塞种族而据有该地。但据有此新领地的月氏不久又为受匈奴支持的乌孙所击破，再次离此地迁到西方，击破建都于兰氏城的大夏国并臣畜之，他们自己则建王庭于妫水之北。塞族先为月氏所破，离伊犁南迁进入罽宾（包括犍陀罗在内的克什米尔），更分散于诸方。于是本为塞人住地的伊犁地区又重新为击破月氏的乌孙所据。这样由于居住在甘肃省的月氏受到匈奴之攻击而引起了从中央亚细亚到印度的各民族的大迁移。这些情况都是赖《史记》《汉书》等中国史料我们才得以知道。但此事发生在何时，以及是否与见诸斯脱拉波等西方记录的斯基泰人的南下相一致等问题，历来学者发表过许多意见。现略述我个人的见解如下：

月氏离开甘肃之事应发生在老上单于时代（公元前174—161年），尤其是公元前172年以后（精确的年代无从考定）[①]，从而塞种族离开伊犁的时间也应接近于这个时间。其次，月氏第二次移动，即从伊犁西迁虽不能断然决定其年代，但正如下文所述，张骞受武帝之命出发到月氏之年即公元前139年左右，月氏尚居于伊犁地区。其后经过十多年，当张骞终于到达月氏时，他们已安居于妫水之北了。月氏之移动应发生在这十年之间，而乌孙占据伊犁应是在这之前的事。

《史记》中所说建都于兰氏城的大夏国应相当于西方记录中夺占大夏的吐火罗人之国。所谓"塞"一般认为即Saka。如前所述吐火罗为攻杀安息阿尔塔巴奴斯王，并与来自药杀水彼岸的其他三部族一起南下灭了希腊人建立的大夏王国的斯基泰族之一部。大夏亡国后，其地即从此以吐火罗之名而为人所知。罗马奥古斯都（Augustus）时代的历史学家Trogus Pompeius以及2世纪有名的学者普托里梅斯（Ptolemyos）等都提到此名。此部族虽与其他三部一起灭亡了大夏国，但以此部族最占优势，所以之后就以它的名字称以前的大夏了。因月氏臣属吐火罗地方（大夏）是在张骞到达此地以前，所以推定大夏灭亡当在公元前129年或公元前128年以前，即为公元前140年左右[②]。

① 桑原博士：《张骞之远征》，《东西交通史论丛》，第16页。
② J. Marguart, *Ērānšahr*（《伊兰地名考》），1901, S. 207.

第六章　汉之西域经略

中央亚细亚与中国之政治交往始于汉武帝（公元前140—87年）之时。自汉高祖为匈奴冒顿单于所苦以来，对匈奴常采取和亲政策。到武帝时变其方针而要将其讨灭。为此，想与同匈奴有宿怨的月氏进行结盟。张骞的西使就是为了这个目的。张骞的使命虽未完成，但因此汉与中央亚细亚诸国有了互相的了解，从此开始了正式的交往。

武帝元朔七年（公元前122年），霍去病将军攻掠今甘肃省甘州地方。结果此地之匈奴部将降汉，于是中国通西域之咽喉地归汉统治。汉于此地之肃州先置酒泉郡，移关东之民于此，合武威（凉州）、张掖（甘州）、敦煌（燉煌）等设四郡，使汉之势力发展到这里。另一方面又从陕西、山西方面进迫匈奴，于元狩四年（公元前119年）将其完全逐到漠北。但武帝并不满足于此，进而要消灭匈奴。遂又遣张骞去乌孙，打算与其建立同盟，实行东西夹击之计划。此次之同盟计划也如前次出使月氏情况一样，虽未成功，但与张骞一起来汉的乌孙使者回国后，盛赞汉之强盛。乌孙王请得尚汉公主，遂达成两者之间的联合。

张骞使乌孙时，更分遣副使到大宛、康居、月氏、大夏诸国。大宛相当于今之费尔干纳（Fergana）地方，康居之势力应从楚河直到撒马尔罕一带。此等使节伴同各国之人归来，给西方诸国了解汉之事情创造了机会，燃起了他们通汉之希望。

这样，在汉与西域诸国的关系日渐密切之时，更有武帝征伐大宛之事，再次耀汉威于西方。原来汉之经略河西地方，进而招致西域各国，派张骞出使西方，其主要目的如后来经世家所说，是为了“断匈奴右臂”，控制其势力。随着逐渐了解西方诸国的情况，又产生了要得到其珍贵物产之希望。西方产品中最使武帝垂涎的为大宛马。大宛、康居一带为产马之地，早已见诸希罗多德之记载。武帝为得其马，不断遣使求之。大宛厌之，又加上汉使之横暴，遂杀之。武帝遂不顾道路之困难，派军远征大宛。太初四年（公元前101年），依大宛之请，签订和约后才返师。于是汉威光及于远近各地。这时，原持观望态度的乌孙和康居，也不再惧怕匈奴而与汉通好。但西域诸国中，天山南麓的东边地方尚处于匈奴势力之下，妨碍汉与西方之往来，昭帝时在此处施行屯田制度，常住汉兵以保护往来使者，供给食粮。但汉威遍及西域是宣帝神爵二年（公元前60年）郑吉任西域都护时。此时匈奴在西域之势力已衰落，天山南路各地全部归服汉朝，汉在这方面已不受匈奴威胁了。

天山南路诸国，即狭义称作西域的地方，当时有三十六国，后来更分为五十余国。这些所谓的国不过是以城邑为中心的小块地方。其中没有能将它们统一的势力，它们分别隶属于匈奴或汉，其中最有名之国为最靠近汉的，无论到天山南麓的所谓北道诸国，抑或到昆仑山北麓的所谓南道诸国都要经过的楼兰（今罗布泊之南，武帝时改名鄯善）。沿北道有车师前国（今吐鲁番附近）、焉耆（哈喇沙尔）、龟兹（库车）、姑墨（阿克苏）、温宿（乌什）、疏勒（喀什噶尔），沿南道有于阗（和阗）、莎车（叶尔羌）等。汉西域都护驻龟兹东之乌垒城，统领以上诸国，同时督察乌孙、康居等外国。统领诸国的都护在政治上的主要目的是防止匈奴势力及于这些地方，保护以西诸国与汉之间的交通贸易安全，并不追求从这些地方征取过重税物的经济上的利益，也不过多地干预当地之实际政治。这比起匈奴治下的苛敛诛求来，更合于诸国的利益，所以西域诸国更常愿归属汉朝。这样从第一任西域都护郑吉以来，整个汉代任西域都护者共有18人，其间汉的威令行于西域。到王莽篡位并对西域诸国采取轻侮态度，遂招致诸国之不信任，诸国中又有出现通匈奴而叛都护的情况。

不久汉室复兴，起初行闭关、断绝与西方交往的政策。此时西域诸国相争，其间匈奴又伸其势力于此。明帝时，在从事讨伐匈奴的同时，又开始西域的经营。把其全部生涯献给这一事业的班超，于和帝永元三年（公元91年）又约略达到了目的，成为坐镇龟兹的西域都护。但东汉的西域经营无一定之方针，整个东汉有所谓“三通三绝”之事，到桓帝元嘉二年（公元126年）以后汉威已达不到西域了。

第七章　贵霜王朝

月氏从甘肃西移时，其中一部分留在南山。为此在中国史乘上称西迁的部分为大月氏，而称留在南山的为小月氏。大月氏臣畜大夏后，关于其发展情况，主要是依据《史记》《汉书》《后汉书》等之记载。但此等诸书之记载颇不一致。对此要加以详细的研究后才能决定取舍。这里略去我关于此问题的研究经过，只谈结论。

在臣属于大月氏的大夏即吐火罗有相当于五将军的五翕侯，他们各有领地，都属于大月氏。这些领地之名为休密、双靡、贵霜、肸顿、高附。当贵霜之翕侯丘就郤时代，灭了其他四翕侯，自号贵霜王，更并有安息及其近傍诸国。到了其子阎膏珍时代，又灭天竺，益发强大起来。此吐火罗族建立的贵霜王朝即西方记录中的Kushan王朝，著名的迦腻色迦王即此王朝之人。中国也称此王朝为大月氏，这是基于大月氏臣畜了大夏的原因，遂也就习惯上用此称大夏人之王朝，实际上汉人也知道不应称为大月氏[①]。贵霜翕侯之领地为葱岭以下沿到达大夏的交通

① 羽田亨：《大月氏及贵霜》（《史学杂志》，第41编，第九号）。

路瓦汉 (Wakhan) 溪谷。大概到后汉时代出了丘就郤 (贵霜朝之Kujula Kadphises) 及其子阎膏珍 (Wema Kadphises) 两王，遂成为领有瓦汉以西直到大夏兴都库什山脉以北其他四翕侯领地等的强大势力。继承他们的为著名的迦腻色迦王。至于从甘肃西迁之月氏 (大月氏) 与大夏或者贵霜王朝之关系，在现存史料条件下全然不清楚。《汉书》记有大月氏都于大夏之都兰氏城 (巴克特拉)，但这点不足信。大月氏人虽有混入吐火罗人之间的，但其大部分则留居妫水之北的索格底亚那。依南北朝时期之记录，索格底亚那诸国王朝都为此大月氏之后裔。

贵霜 (Kushan) 王朝之年代是个争论很多的问题。丘就郤、阎膏珍等之活动大概为后汉时期之事。其后之迦腻色迦王应约为公元2世纪后半期之人。

贵霜王朝在多大程度上扩展其势力于中央亚细亚，这一点不很清楚。但当班超从事经略天山南路时，它曾援汉讨车师，又在永元二年 (公元90年) 曾出动大军攻班超，结果以败北而告终。以后与汉通好。这大概为前述丘就郤或阎膏珍时代之事。这时因康居、乌孙都各据原来之地拥有势力，贵霜朝之势力在北方大体以妫水为限。与班超之接触似为从葱岭之西方或南方之进行的前哨行动。班超南越葱岭出入辛头河上流地方应为对领有该地的贵霜势力之行动。到了迦腻色迦王时代，其势力遂越过葱岭而达于天山南路。

第八章　哌哒、突厥之活动

贵霜王朝于5世纪中叶灭亡。这是因为西方受到波斯萨珊（Sassan）王朝（Ardashir推翻安息并于公元226年建立之王朝）的压迫，北方受到来自妫水彼岸的哌哒（Ephtal）种族南下的逼迫。此处之Ephtal为中国南北朝时期史乘中写作哌哒、悒怛的种族。北魏时在漠北有蒙古种之蠕蠕崛起，把乌孙从其汉代以来据有的伊犁地区逐走，在大漠南北与魏争雄，哌哒与蠕蠕相结，广泛活动于阿尔泰山脉以西地方，并从索格底亚那越过妫水侵略当时处于衰落中的贵霜王国，并扩展其势力于波斯。原来为游牧种族之哌哒，在扩展其势力于妫水之南、定都于拔底延城（Bactria）后，渐次转入城郭生活。其盛时所领有之地从以伊犁、粟特、大夏为中心的吐火罗斯坦越过兴都库什山扩展到犍陀罗和哈孜那（Caznī）地方，西方及于注入里海的库尔干（Gurgan）河地方，东方包括葱岭到天山南路的一部分。北朝之魏自不待言，516年并遣使到南朝的梁朝以通好。一时如此强盛之哌哒到了其后的560年也遭到灭亡之命运。这是由于多年来受其压迫的波斯进行反击及受到新兴的强大的突厥攻击所致。

突厥即Türk。从南北朝时起，其名才见诸史籍。中国用此名称当时广布于北方的突厥族中的一部。此部之发祥地为金山即阿尔泰山之南。突厥从前臣属蠕蠕，从西魏时起强大起来。6世纪中期左右灭掉蠕蠕。突厥是北方民族中留下用自己文字书写文献的最初的部族。依这些文献和中国史料，我们知道成就开国大业的兄弟可汗（突厥语qaɤan，为王之意）[①]分东西两部。东部据有外蒙古，西部占有前为乌孙之地（当时为嚈哒所领有），置王庭于天山山脉中的地当龟兹北之溪谷中，更渐次进行经略。后者称为西突厥，灭掉嚈哒的就是此西突厥。

嚈哒之灭亡是波斯与西突厥协力东西夹击之结果。之后，波斯由于害怕突厥势力扩及自己国内，遂努力回避与之发生直接交涉。而不久前臣属于突厥的粟特地方的商人则利用其与突厥、波斯的亲善关系，希望直接进入波斯以扩大成为重要商品的丝绸之销路。突厥为实现其希望，遂派特使到波斯请予认可。但波斯由于上述之恐惧遂严加拒绝。结果突厥遂与当时和波斯处于敌对关系的东罗马通好。568年突厥使者访问了君士坦丁堡（Konstantinapole），罗马的特使也曾访问突厥王庭。其后更有多次使者之往来。双方针对波斯的协定达到了什么程度，以及最后效果如何，已不得而知。总之，突厥作为一个强有力之势力已为拜占庭所承认。唐太宗贞观元年[②]（公元627年）从长安出发到西方旅行之玄奘三藏，翌年通过西突厥领地内（当时统叶护可汗在位）正值此部最盛之时。据玄奘之见闻，当时西突厥除粟特外，挟妫水于其中的东接葱岭、西接波斯、南接兴都库什山、北接Kesh之南著名铁门的所谓吐火罗之地全为其役属，更侵扰波斯（之后其势力又从克什米尔伸展到犍陀罗地方）。天山南路诸国也在其势力范围之下。西突厥与唐通好，并从

① 按指建立突厥汗国的布民和室点密兄弟二人。——译者

② 玄奘的起程时间依《慈恩传》和《续高僧传》等记载均为贞观三年（公元629年）。但依梁启超氏《中国历史研究法》（民国十一年刊，第140—144页）论证为贞观元年。此说虽尚有考究之余地，暂从之。

苦虑于东突厥对策的高祖那里得到尚其公主之约许。

统叶护以后，西突厥势力未得到发展。不久分为东西二部互相争战，但直到府高宗显庆二年（公元657年）为唐所讨灭为止，尚保有一定的势力。

第九章　唐之西域经营与伊斯兰教势力之东渐

汉以后魏晋南北朝期间，中国内地由于内部分裂，不能像汉代那样用力于远方的西域之经营。但其间统一北方之王朝或据有西方之王朝也常都多少从事此种经略，并沿袭对北方民族之防卫和保护东西方之交通贸易之传统政策。曹魏时有置于汉代的戊己校尉驻屯于之高昌壁（今之哈喇和卓附近，后魏时代从460年起有处于蠕蠕势力之下名叫阚伯周的首次建立高昌国，以后称国）。不仅天山南路诸国，而且魏时有贵霜王朝、东晋时有大秦国使者来朝。十六国分立时期据有凉州的前凉，推翻前凉的前秦，推翻前秦的后凉，后凉之后据有敦煌的西凉以及据有甘州的北凉等也都伸其势力于天山南路。后魏一方面与蠕蠕处于敌对关系，又一方面由于统一了北方变得强大起来，于是进行了远比曹魏以来诸朝规模更大的西域经营，世祖太武帝时（公元437年）派使节到破洛那（古大宛、今费尔干纳盆地）和者舌（今塔什干地方）招致该地诸国，又出兵讨平天山南路之鄯善、高昌、车师、焉耆、龟兹等北道诸国；南道的于阗也通好。

隋统一后，炀帝燃起了经略西方的欲望，曾亲自巡幸河西，但由于突厥、高丽之关系未能取得显著成绩。到了承其后之唐代，西域经营完成了划时代的发展，在发扬汉族威力方面，显示了前所未有的情景。

如上所述，唐初天山北路为西突厥之根据地，天山南路和粟特地方也在其势力之下。从而当时之西域经营不外是唐与突厥在此地方之角逐。原来唐在其兴起之际曾得到东突厥之援助，建国后也多受其威胁。为了对抗东突厥，高祖对西突厥采取了怀柔政策，太宗贞观四年（公元630年）遂一举灭了东突厥。之后，西突厥与唐之关系也未处于格外紧张之状态。唐乘西突厥内乱、势力不振之机，逐步着手经营西域。首先讨平了后魏以来延续了九代144年[①]的麴氏称王的高昌国，降伏焉耆、龟兹，又臣服了疏勒、于阗，设置安西都护府以统辖这些地方。

太宗死后，西突厥之阿史那贺鲁叛唐。之后，有高宗讨伐西突厥之举。贺鲁在塔什干被擒杀。于是西突厥之地也置于唐的直接管辖之下。唐远在粟特、罽宾、迦毕试地方设置州县。之后，直至玄宗开元年间，西突厥受唐统治但保有其势力。这时西突厥一部的突骑施（Türgiš）代之兴起。

这期间，西方之大食即阿拉伯的势力渐次东进，遂与唐发生冲突。波斯之萨珊朝于641年的纳哈万德（Nahāvend）战役中，为阿拉伯人之伊斯兰教军战败，波斯王遣子来唐求助以恢复国业，但未成功。这是大家都知道的事情。嗣后大食更加强了东方经略的步伐。由于著名的屈底波（Kutayba）征略之结果，粟特地区也落入其手中。屈底波于712年臣属了撒马尔罕，遂后从塔什干进入费尔干纳盆地，714年越过葱岭攻入

① 新、旧《唐书·高昌传》说共九代一百三十四年而亡，这里从《唐会要》卷九十七《高昌国》条。大谷胜真氏认为只一百四十三年（《京城帝国大学文学会论纂》第五辑中的《高昌麴氏王统》）。

了喀什噶尔（疏勒）。

这期间为伍麦叶（Omeyades）朝哈里发统治时期。值得注意的是，当时阿拉伯的侵略和占领这些地方不是由自己进行直接统治，只不过是从被征服地方征收租税，也不逼迫信奉其宗教。这种情况到了阿拔斯（Abbasides）朝才渐次有了进化，由自己进行统治并强迫奉其宗教。所以，在屈底波征略之后，撒马尔罕王尚遣使到唐为其一族要求册封，当时突厥重新臣服了该地一部分。

这样，粟特地区一方面居于东方唐的势力下，另一方面西方大食的力量也及于此。以该地为舞台的两大势力的冲突毕竟是避免不了的。果然，天宝九载（公元750年），唐将高仙芝因石国（塔什干）王之无礼而进行讨伐，由于斩杀了投降后送到长安的该王，附近诸国遂依附大食，请其援助。翌年，天宝十载（公元751年），唐与大食会战于怛罗斯（Talas）河畔，唐军大败。这是唐朝经营西域的大挫折。之后不久，唐因“安史之乱”而国力减弱，无暇西顾。不久，从唐初强大起来的吐蕃（藏族）进出天山南路地方，其他地方则任突厥余类和伊斯兰教军猖獗了。

第十章　回鹘的西迁

上面谈到唐太宗在贞观四年一举灭亡了东突厥。不久太宗出于政策上的考虑，再立其可汗使据漠北故地。之后，东突厥随其势力之消长，屡屡侵唐，或远征到粟特之地。同时部下又屡屡叛乱，至玄宗天宝初年，遂为其部下回鹘部所灭。

回鹘部也为突厥族，在此以前即唐太宗时已具相当势力，并与唐通好。回鹘统一漠北后不久。唐为“安史之乱”所苦，得回鹘援助方才平定之。其后百年间，回鹘对唐极为横暴跋扈，唐深受其苦。其间回鹘虽有时出兵直到粟特之地，但其势力大体同于东突厥，限于以鄂尔浑（Orkhon）河流域为中心的漠北及漠南长城边塞之间，同时并与阿尔泰以西的部族不断进行斗争。

到了唐武宗时，公元840年前后，回鹘内乱频仍，由于黠戛斯乘机寇掠，遂灭亡，部族向各方逃散。其中一部分西迁据有天山山脉以北地方，经过二十余年之后，遂南进占据高昌，在此奠定了以后所谓高昌回鹘之根据地。以后回鹘在天山南路的势力急速发展。未几，龟兹及其他诸国也归其占有。据某伊斯兰教史家之记载[1]，10世纪中叶起据有喀什噶尔和位于今七河省楚河畔的巴拉萨衮城（今之托克马克近旁，《唐书·地理志·道里记》中的裴罗将军城）、进而占有锡尔、阿姆两河间的地方、之后从属西辽（见后一章）并一直存在到13世纪初的突厥族的黑汗王朝（Karakhanids）被认为是回鹘部建立的王朝。另外，别的伊斯兰教史家[2]谈到回鹘部于10世纪占有从波斯东的呼罗珊（Khorasan）州直到高昌的广大地区，都于龟兹。《金史》中[3]也证明，辽代时回鹘据有巴拉萨衮之纪事。该处回鹘是从天山南路进据的，还是与其不同的派别，或者因是同族概而括之说的，这些都不太了然。

回鹘据有天山南路以前，与其同种的突厥族之势力已及于此地。这一点上面已谈过。那时无疑他们中已有进入这些地方的。但回鹘部从漠北迁居此地仍具有重大意义。因为他们迁到这里后抛弃了原来的游牧生活，转入定居成为城郭之民，自己占据这些地方。这一点与以前北方人臣属该地的情况有很大的不同。过去虽几度被置于北方民族势力之下，但其居民依然为雅利安系的天山南路地方，至此遂在人种方面发生变化，原来之居民或被驱逐，或集体地被杀戮，残存下来的也因与新来部族杂婚而渐次失去其特点。于是这里开始称为突厥斯坦，突厥人的国家出现了。

① Ibn el-Athir, *Kamil ut-Tavarikh*（《史集》）。Bretschnèlder, *Mediaeval Researches*（《中世纪研究》），Ip.252 引用了本文。

② Massudi, *Les praires d'or*（《黄金草原》）。Barbier de. Meynard 译本，I, p. 288。羽田亨：《吐鲁番出土回鹘文摩尼教徒祈愿文断简》（《桑原博士还历纪念东洋史论丛》收）。

③ 《金史》，卷一百二十一，《粘割韩奴传》。

第十一章　蒙古的中亚经略及其以后

回鹘离开漠北以后，该处未马上出现大的势力。在诸部相争之际，契丹即辽崛起于辽河上游，并臣属诸部。辽灭亡于1124年，其同族的耶律大石西走，于1132年左右在巴拉萨衮（亦称虎思斡耳朵）之地建国，即所谓西辽，伊斯兰教史家称之为哈喇契丹（Qarakitay）。西辽的领土包括从天山的东端西到锡尔、阿姆两河之间的地方。南面达到天山南路。前述西迁后的回鹘部的大部分也为其臣属。西辽在以后八十余年间维持其势力于中亚。虽说是契丹人建立的国家，实际不过为少数统治者及其周围若干同族而已，这对分布于该地区的人种变化未能产生什么影响。13世纪时蒙古成吉思汗的势力强大起来。据有阿尔泰山地方的突厥的一部乃蛮部被蒙古驱逐，逃到西辽并寻求其保护。但不久，此部之首领篡夺了西辽政权。成吉思汗因追讨乃蛮部而占领该地，更进而征服了锡尔、阿姆两河之间的地方和咸海以南的花剌子模及今阿富汗斯坦的地方。当时和现在一样，蒙古称两河之间和花剌子模的居民为萨尔特人（Sart）。萨尔特此字为商人之意，为梵语。这是针对古来此地之居民长于商业而起的名字。这个词从突厥传到蒙古，一直沿用到现在，但此名本来不是民族名称。如前所述，从10世纪到11世纪，以巴拉萨衮为根据地的突厥族曾侵占两河地方，具有悠久历史的粟特人国家遂灭亡。此民族仅在与突厥人混血的情况下才保存其面貌。这种混血人种仍然长于商业。开始为商人之意的"萨尔特"一词遂成为这一人种的称呼了。现在萨尔特人仍具有伊兰种和突厥种的混合特征。此外，据有高昌的回鹘人在成吉思汗西征时首先归附了蒙古。这样，中央亚细亚地区早在成吉思汗时代就已归蒙古所领。成吉思汗将所属领地分封诸子。阿尔泰山以西、准噶尔沙漠之北，前乃蛮部所据之地分给了第三子窝阔台；其西一带直到阿姆河地区和天山南路分给了第二子察合台。这样中亚细亚为此两汗国所领有。他们此后在各自的领地上使其一族和部下住下来进行统治。从而蒙古族也像在其他领地一样广泛分布在这一地区。如后所说，虽未达到使其地居民蒙古化的程度，但各地都残留有其集团。

之后窝阔台汗国出了著名的海都与蒙古宗室的元朝相争，察合台汗国大体上依附于他。到14世纪初窝阔台汗国衰亡，其领地并入察合台汗国。察合台汗国也从1321年左右分裂为以布哈拉为中心的两河（锡尔河、阿姆河）地方和其以东的两部分。西部则内乱迭起，几乎陷于无政府状态。1360年东部汗侵入并臣服了两河地方，于是察合台汗国再次统一。在这种情势下帖木儿（Timür）渐次崛起。

两河地方为东部察合台汗国平定后，帖木儿隶属于其统治下。但他不久驱逐了东察合台汗而君临两河地方，并建都于撒马尔罕。帖木儿是个生于Kesh并受突厥文化教育的穆斯林。据说他本来是蒙古族出身，按其家系与成吉思汗属于同一氏族。他的理想是统一分裂的蒙古，恢复成吉思汗的伟业。他的这一理想曾大致实现过：平定了波斯的伊儿汗国（成吉思汗之孙旭烈兀开拓之领地）和伏尔加河直到南俄的钦察汗国（成吉思汗孙拔都开拓的领地），征服了据有小亚细亚的奥斯曼突厥，侵略北印度，与东察合台汗国联合，死在要进而东征明朝的路上。

帖木儿一代完成了如此巨大的经略，实为历史上的一个伟观。值得注意的是，他是崛起于撒马尔罕即两河地方的势力。古来这个地方未曾出现过以此为根据地的强大势力。在这点上应看作为历史上的异例。从当时形势来看四周无特别强大的势力，他从少数部落酋长中崭露头角时，虽曾遇到一些困难，但一旦统一了两河地方，羽翼丰满之后，就没有能对抗他的强敌。另外，帖木儿之所以能完成其伟业，还因为他作为蒙古族的后裔怀有恢复其祖先故业的大志。所以他的活动自然应算作蒙古族的活动史。

帖木儿死后，其王朝尚持续了约一百年。这期间与明显的文化发达相反，国势却未得到发展，内乱频仍。1500年据有咸海（**Aral**）之北的乌兹别克（**Uzbeg**）人南下进入撒马尔罕，帖木儿朝亡。乌兹别克人为蒙古钦察汗的始祖拔都之弟昔班的子孙，原据有咸海北方之领地，该部族应为突厥族与蒙古族的混合种。这时为帖木儿五世孙的巴布尔（**Babur**）以费尔干为根据地，努力恢复其祖业。在与乌兹别克人的角逐中，虽曾几度进入撒马尔罕，但最终未能达到目的。他后来据有喀布尔，奠下了印度莫卧儿（**Moghul**）帝国的基础。

其后中亚细亚的形势，因与后篇有关系，也附记数行如下。

乌兹别克朝（或称昔班朝）之后更发展其势力，攻取布哈拉，建立了布哈拉汗国，又于花剌子模地方建立希瓦汗国。两汗国相互争夺，但直到19世纪后半期俄国南下征服其地为止，尚能维持其势力。

天山北路之地，察合台汗国由于受帖木儿的压迫而失势后，为蒙古一部的瓦剌（卡尔梅克，**Qalmaq**）所占据，一时成为对蒙古和明朝的强大敌对势力。之后，其中一部准噶尔部势力强盛，与清朝争强，清高宗时被平定。

察合台汗国其后尚称汗，或据有天山南路的阿克苏，或据有喀什噶尔，但未有显著的势力。16世纪中期以后的情况不太清楚。17世纪中叶以后，准噶尔部势力及于天山南路，一直到被清高宗平定时为止。

后　篇

第一章　西域与希腊文化

伊兰民族发祥于中亚某一地点，渐次扩及索格底亚那、巴克特利亚等地方的学说已为一般人所承认，这在前篇第二章中已论述过。伊兰民族本来的信仰为崇拜自然界诸要素，常从要使之清洁不能玷污这种观念出发，规定各种精细的宗教戒规，产生了对于各种存在物，例如动物也区分为清洁与不清洁，清洁的加以保护、不清洁的加以消灭的严厉戒规，从而进一步产生了自然界二元存在为中心观念的琐罗亚斯德教。

在伊兰人进入索格底亚那、巴克特利亚以前，居住在那里的民族间盛行对女神Anaitis（或称Anahid，波斯称Tanata）之崇拜。这种女神作为幸福繁荣之神自古就为这地方的游牧民所广泛信仰。1903—1904年庞培利氏（Pumpelly）在西突厥斯坦阿脑（Anau）发掘的结果证明，在遥远的古代就已流行这种风习。在大夏有祭祀这种女神的有名的社宇，成为远近诸方信仰的中心。琐罗亚斯德教创建后，这种信仰仍继续存在，阿赫买尼德朝的阿尔塔克塞尔克斯一世（Artaxerxesi）也成为其皈依者。总之，这是从古代起就流行的民间信仰的遗存。作为系统化的伊兰人的宗教当然要推崇琐罗亚斯德教了。

琐罗亚斯德教不论在巴克特利亚和索格底亚那，抑或在伊兰人中间都成为一种牢固的不可动摇的信仰。亚历山大侵入后，在对诸方进行征战庆祝胜利时，祭祀希腊人崇拜的神以庆祝胜利。饶有兴味的是，他们对琐罗亚斯德教将采取什么态度的问题。换言之，由于这种入侵第一次接触的这两种文明表现了怎样的冲突。亚历山大对这个问题的处理是极轻率的。他毫不踌躇地采取了压迫的态度，把琐罗亚斯德教认为是神圣的葬法，即把死者之骨骸曝于日下让鸟啄食的风习当作最为忌讳的陋习而严加禁止，并掠夺其神祠，破坏其教典。这种做法当然会引起伊兰人的强烈反感。亚历山大在轻易夺取了巴克特利亚进入索格底亚那后遭到了其东征后从未有过的恶战苦斗，其原因除当地伊兰民族同仇敌忾外，就是因为引起了他们的宗教反感所致①。结果他们虽屈服于亚历山大的武力之下，但作为民族宗教已扎下深根的琐罗亚斯德教并未因受此打击而衰亡，其后仍成为此地伊兰民族信仰的中心。

亚历山大的理想是实现所谓的希腊主义（Hellenizm），在希腊文化上建立世界帝国。他的侵略不单单是一股飓风。为了使征服之地永远置于希腊势力之下，使其同化于希腊文化，他自己娶了阿赫买尼德朝王族之女，并劝部下将士也像他那样与伊兰人结婚，以便于其理想的顺利实现。亚历山大在所有事情上都极力发扬希腊势力的影响。其后继者也沿袭同一方针。从大夏开始，其属下地方的统治者都任命希腊人。流通的货币也全为希腊式；政治上、商业上也使用希腊语。从而伊兰民族之生存除接受希腊文化外别无他法。但这种方针最终是否达到预期的希腊化的目的，现进而考察之。

① H. G. Rawlinson, *Bactria*（《巴克特里亚》）Probsthains Oriental, series Vol. VI, 1912, p. 42.

图二　大夏诸王之货币

1. 德米特里乌斯（Demetrius）货币

   一面铸有戴着象头帽子的胸像

2. 尤克拉狄德斯（Eukratides）货币

   戴着饰以牡牛耳和角的盔形帽（helmet）

3. 迦腻色伽货币

   表面刻有王的像，里面铸有佛像和刻有 Buhddo（佛陀）字样

凡是在某一国家或地方，如其民族已有发达的文化，就很难受到来到这里的他民族的根本破坏而代之以新的文化。希腊人所尝试的至难事业已因最先由于安息的独立而遭到第一次失败。这种叛离和独立表现了安息人对希腊的人种反感，是对要埋葬所有安息文化的希腊主义的反抗。但大夏狄奥多特斯之独立则与此不同，不过是希腊人之间的一种革命，希腊人的统治依然继续下来。大夏文化的希腊化到底未能取得实质性的成效，这一点从安息的例子中是容易类推的。说明大夏当时文化的遗物几乎全部不存在，不过可借少数留存下来的货币来推知。有的人只限于以这些完全是希腊风格的货币为材料，来证明希腊文化在这里的普及。但这些货币不过是为了在当时统治这里的比较少数的希腊人和在其统治下的当地人中间流通而制成的。当地人的文化是否真的像这种货币所表示的已同化于纯希腊文化，则完全不能作为证明材料。德米特里乌斯经略兴都库什南部后，在该地的货币中已见两种文化融合之迹（见图二：1、2），这一点历来为古钱学者所主张。这一点可能是由于当时经略岭南的希腊人认为有必要保存当地文化，对它采取调和态度所致。但就是在这些货币中到了尤克拉提德斯末期，希腊的方法和样式也渐次丧失，而代之以当地工艺家的技术和思想，重量和铭文也变成印度风格，对译的希腊铭文也有错误。这就是说，一时受希腊势力压迫而潜伏的固有文化，乘希腊势力的衰退再次抬头，并逐渐驱逐了希腊文化。

从怀着希腊文化主义理想从事东方经略的亚历山大以来，希腊人在大夏的政权约持续了不能算短的200年，但证明其文化对此地影响的材料几乎不存在。这一点有点不可思议。尤其在今作为大夏中心的巴尔赫（Balkh）进行若干次考古发掘，但因无任何成绩可言，以后也就不再进行了。有人说当时此地的希腊人都是些战士冒险家和其子孙，没有什么特别的希腊文学知识，所以此地一片刻文也未留下[①]。这种看法是难以令人同意的。正确的解释应是，此地的地质、气候等都不适宜于遗物的保存，加之大夏人的建筑材料多为砖和木材，由于没有适于雕刻的材料，所以这种美术也未能得到很好的发展，而曾存在过的遗迹也被毁坏无存[②]，以及尚未进行广泛发掘等。

总之，大夏人的反希腊精神似十分强烈。尤克拉提德斯王之被杀也是由于他偏重希腊风习和夸耀其与塞流克斯朝的血缘关系所致[③]。果如此，也就可以看出大夏人反希腊的精神是多么厉害了。正如尤克拉提德斯之子阿波罗多特斯在杀其父时所宣称的，他杀的不是父亲而是公敌。从这句话中也就可以理解了。这样看来，曾得到亚历山大提倡的与伊兰人结婚的政法策略，招致了与其预期相反的结果。到最后，此地之希腊人由于这种通婚未能保持种族的纯洁，以至于为数量上占多数、努力于摆脱希腊人统治的当地人所吸收、所同化。总之，当公元前128年张骞出使来到此地时，希腊人的大夏王国虽灭亡不久，但从其报告中已看不到一点希腊的特征，只说其风俗与大宛同。“其兵弱，畏战。善贾市。”“自大宛以西至安息（Parthia）国虽颇异言，然大同俗，相知言，其人皆深眼，多须髯，善市贾，争分铢……其地皆无丝漆，不知铸铁器”[④]。这里看不到希腊文化的特征。这种情况不是十年、二十年间突然出现的，而是该地的希腊人早在此以前已被大夏人所吸收、同化，从而失去了他们的特点。假令希腊文化在此地深有影响的话，关于其风俗、美术、文书、语言的特征一定会为张骞所知，或其后

① H. G. Rawlinson, *Bactria*（《巴克特里亚》）Probsthains Oriental, series Vol. VI, 1912, p.125.

② Foucher,《佛教美术研究》，第 69 页。

③ H. G. Rawlinson, *Bactria*（《巴克特里亚》）Probsthains Oriental, series Vol. VI, 1912, p. 83.

④《史记》，卷一百二十三，《大宛列传·大夏》条。

由于交通发达而互相往来为人所知，或被记载下来。虽然如此，由于该地长时间处于希腊的统治下，不管遗物和记录之有无，希腊文化在某种程度上曾起过影响也是自然的。但无可争辩的是，希腊文化并没有在此地获得显著成果。

第二章　粟特人与商业

包括撒马尔罕、布哈拉在内的粟特一带，地方的肥沃，自古以来就很有名。更引人注意的是，这地方自古以来商业就很发达，而粟特各城市的繁华也实赖于此。粟特的商人似具有天生的商业才能，其敏捷、勤勉，商业规模之大，令人惊叹。另外，地理上所处的位置也促成了这种发达局面。从地图上一看即知，粟特特别是撒马尔罕的位置，是东面经天山南路或北路到中国，南到阿富汗、印度，西到波斯，西北到欧洲的中心地区。这些国家相互往来时，通常都经过这里。伴随交通的发达，诸国物产就自然地在此集散。中国《魏书·西域传·康国》（撒马尔罕）条记有："诸夷交易多凑其国。"扎拉夫尚河谷地区的人们自古就从事大规模的世界商业贸易是大有原因的。从事商业要组成商队来进行，许多人组成一团往来于远隔之地。伴同这点的除转运商品外，诸种文化也得到传播的机会。再有，以传播文化为目的的人，由于得到这些商人的援助，才能比较容易地从事这种艰难的旅行。他们的经商范围越广，文化相互传播的范围也就越大。他们的商业发达史也就是文化传播史。尤其是商队的往来并不是粟特人的独

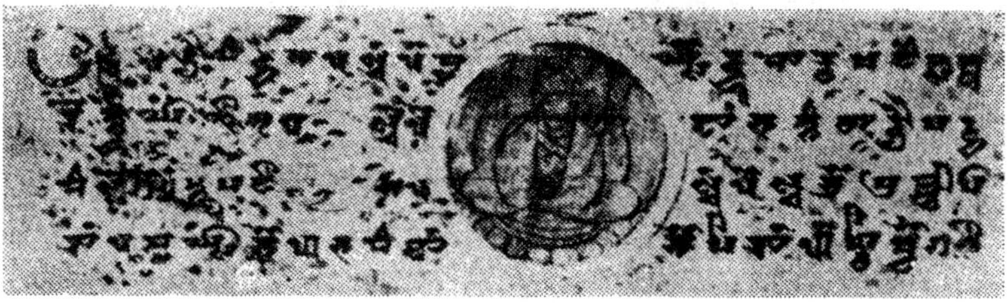

1.于阗语《金刚般若经》

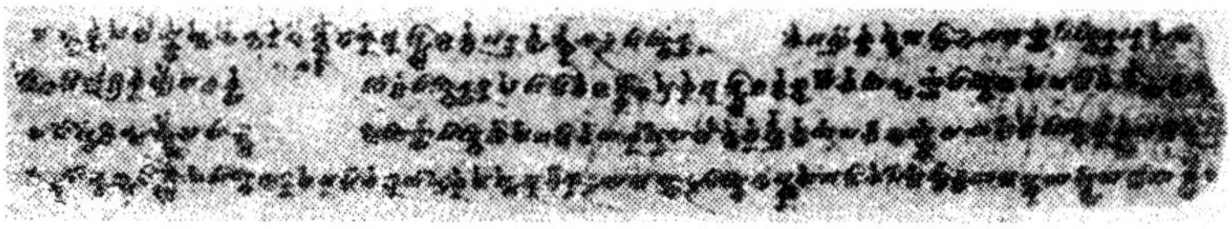

2.龟兹语《十诵律比丘尼戒本》

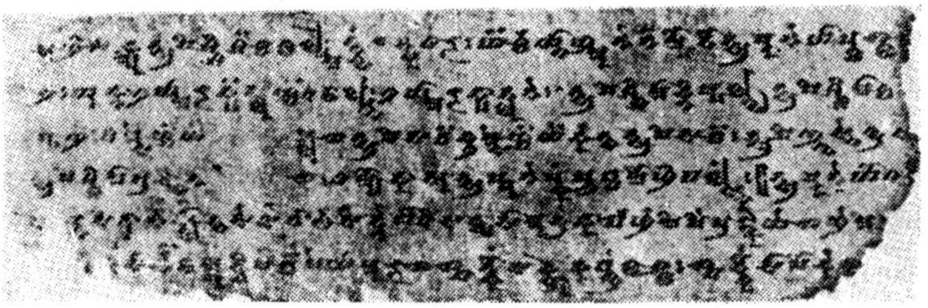

3.吐火罗语佛典

图三　于阗、龟兹、吐火罗诸佛典

占事业，诸国商人也同样从事于这种活动，如中国的商队早在汉代就已通商遥远的西方。但其中最有名的要推粟特人。这里所以要谈谈粟特人的商业，除其本身是个应注意的文化现象外，他们作为文化传播者，也占有重要位置。

前章已谈到公元前2世纪张骞访问此地时已说该地人巧于商业，当然此时粟特商人尚未直接往来于中国。张骞以后随同中国的情况为西方所知，他们也很早就开拓了远通中国的商路。前汉时代的记录中就散见康居向汉朝朝贡的记载。其中无疑也有这些粟特商人。1907年英国斯坦因氏在天山南路的罗布淖尔以南汉代烽火台遗址中发现了一片认为是属于公元1世纪的商业文书（见图四：1）[①]，实际上是证明这一点的最古史料。后汉以后粟特之名在中国史籍上以粟弋（《后汉书·西域传》的粟戈为粟弋之误）、粟特或另以康国之名出现，并记有其他使者来贡，即来此从事贸易的事。十六国时代有许多粟特商人来到姑臧（今甘肃凉州）居住。《魏书·粟特国》条记有"其国商人先多至凉土贩卖。及〔魏〕克姑臧（凉州），悉虏之。高宗（452—465）初，粟特王遣使请赎之，诏听之。"

关于粟特地方之人主要从事商业，另有种种有趣的记录。例如隋代韦节的《西番记》书中[②]说，康国（撒马尔罕）人皆商业上的能手，男子五岁时学写字，少解即令学商业，善于获利。《唐会要》[③]记康国事说：康国生子必让口食蜜，手中置胶。这是希望其子长成后，常口说甘言，又持钱时如胶之黏物，让彼等巧于商业，争分铢之利，男子到二十岁时即送到他国从事商业；也有来中夏的，凡利之所在足迹无不至。这种记载也见于其他书籍。隋炀帝时集西域商人

① 此文书为 Cowley 在 *JRAS*, 1911, p.159 以下刊布和诠译。Gauthiot 氏也在同志 1911, p498 以下予以诠译。再有参见同志 1912, p.41 以下。

② 《通典》，卷一百九十三，《边防典·康国》条引。

③ 《唐会要》，卷九十九，《康国》条。

讲诸国事，并写有《西域图记》的有名的裴矩上奏炀帝说，粟特商人广经诸方，善知诸国事。实际上他们为了追逐商利，所到之处范围很广。波斯和东欧毋论，3世纪时甚至南下印度，远入交趾。不仅中国之南北有他们的足迹，内外蒙古也是他们经常出入之地。他们不管是开明之国抑或未开化之国，利之所在，无所不往。据有中国北方的剽悍游牧民是他们最重视的顾客之一。后者从中国内地掠夺去的财富多为此等商人以狡猾手段夺去。从隋唐时代事情考之，早从前代开始的不间断的北方民族南侵之背后，无疑常有此等狡猾的粟特人操纵煽动，这是不容置疑的。

伴同这些粟特人商业远征而产生的事件之一，就是在他们的足迹所到之处，形成了大小不等的居留地。他们长年累月往返于同一交通线上，其间无疑有由其同胞形成的城邑。另外又有因偶然之事（如前述之凉州粟特人那样）暂时不能返回遥远的本国或乘某地防御薄弱而占有其地，于是在那里形成了居留民集团。从文化上看来，沿天山南北两路彼等往来的诸地，隋唐时期起就存在这种居留地。实际上还可以上溯到更早的时候。地方也不限于此，其他地方也有。另外，与此相关而应注意的是，他们中有不少人与当地妇女结婚而成了那里的居民，留有子孙。例如掀起唐代天宝大乱的安禄山原为营州（东蒙古）杂胡，其父大概为西域康国即撒马尔罕的胡人，母为突厥人[①]，他受到其父职业之影响，起初是以中间经纪人起家的。这是粟特人活动于东方的一个例子。

由于粟特人的商业活动，撒马尔罕及粟特一带各城市都十分富有。当阿拉伯人入侵之际，不只是撒马尔罕和布哈拉，还有派坎德（Paykand）、库沙尼亚（Kushaniya）等许多城市都以繁荣知名。那里有许多大富豪，他们占有大量土地，居于防御严密的城郭之内，与各地统

① 桑原博士：《东洋文明史论丛》，第367页，《安禄山的出身》。

治者享有同样的地位。后来该地各种商业组合制度发达起来，限制了个人独占的行为。但在阿拉伯人入侵前尚未发展有这种制度，完全是富商王国的情景。而对这种富庶、四邻贫困而又勇武的民族，当然不会袖手旁观。历史上多次北方民族入侵阿拉伯人的侵略，都是为了掠夺这里的财富，有时一举就罄其所有。这种关系是粟特人的商略与四邻武略的对抗。前者以“蜜与胶”的狡猾手段聚集于粟特谷地的财富，很快就为后者的武力所夺去，之后前者又通过和平手段复归于其手中。这样的情况不断地重复着。

总之，在中亚细亚的曙光时代，曾发挥了旺盛的伊兰民族精神的粟特人，此后可能由于受到不断入侵的北方民族的压迫，遂利用其自然地理环境，从事于广泛的世界贸易。凡利之所在，没有不留下他们的足迹的。

第三章　粟特语及天山南路通行的诸种语言

古代使用很广的粟特人的语言到底是什么语言，我们几乎不得而知。20世纪末以来由于各国在天山南路进行探察以及从事这些考古资料研究的学者们的努力，粟特语以及曾通行于天山南路西域诸国但早已灭亡的诸种语言，才再次为人们所知道。现简述一下此种探察事业的经过。

天山南路地区中央横有大沙漠，沙漠不断向边缘扩大，掩埋掉人类的住地。所谓汉代三十六国或五十余国，今天很多被埋于沙下，但由于此地气候干燥，降雨少，物品一旦埋于沙中，不易损坏。从这点上说，是个极好的储藏所。这些被埋藏品由于偶然的机会，或经寻宝人的发掘，屡屡被发现。从20世纪中期欧洲东方学界为了研究东西文化的交流，遂注意对地处两者交通大道上的此地文化的研究，并致力于获得这方面的研究资料。这样，一些出土品借进入当地的基督教传教士之手早已被介绍到欧洲，从而引起学者们很大兴趣。其中最轰动学术界的为

1890年英国鲍威尔（Bower）大尉的发现，他查访了埋于库车（古代龟兹）西面的佛塔，从当地人手中购到了那里出土的古代写本。鲍威尔把这些东西送给住在印度的英国学者霍林勒（Hoernle）。霍氏认出是很古老的写本，又送到欧洲研究，结果认为是写于5世纪中叶的药法书和比这更古老的佛典。于是一下轰动了学术界。不久从南方和田地方出土的写在桦树皮和纸上的古写经、文书、其他古钱、土偶、陶瓷器等，也介绍到学术界，认为是研究古代文化的重要资料。而多数尚未出土的种种资料更加引起人们的注意。在这前后，欧洲学者为了各种学术研究，曾有数人进入该地，并一变从当地人手中购买这种资料的情况，而自己着手发掘采集。从他们的报告来看，知道埋藏有遗物的遗迹不在少数。这样，学术界痛感有必要有组织地往那里派遣探险队。于是1899年在罗马召开的国际东方学会议上，俄国拉德洛夫（W. J. Radloff）教授倡议组织国际中央亚细亚及远东亚细亚探险协会。1902年在汉堡召开的国际东方学会议上宣告该协会成立。由于领土关系上的方便，在俄国设立本部，各赞同国设支部，协力进行这一事业。20世纪末俄国和芬兰探险队在外蒙古获得古代突厥族和蒙古族留下的贵重资料。1900年斯坦因在和田进行的大规模探险发掘，取得了令人惊叹的结果，也促成了该协会的成立。

协会成立之后，欧洲各国竞相往该地派遣探险队。英国的斯坦因在1900年开始其第一次探险，以后又进行了两次（第四次因该地政情所致，无所得而返）。德国方面有格伦威德尔、勒柯克（Le Coq），法国有伯希和（Pelliot），俄国有奥登堡（Oldenburg）和其他人被派到那里。日本依大谷光瑞氏之意见，1902年以来，相继派出堀、渡边、橘、野村、古川诸氏。1927年又有以中亚探险知名的瑞典斯文赫定（Sven Hedin）氏与中国学者合组的西北科学考察团。结果为研究古代这一地方的文化搜集了大量的丰富材料，其研究成果也相继刊布，标示了西域史研究上划时代的进步。我们现在关于粟特语和天山南路已消灭的诸国语言的知识全有赖于这一事业。

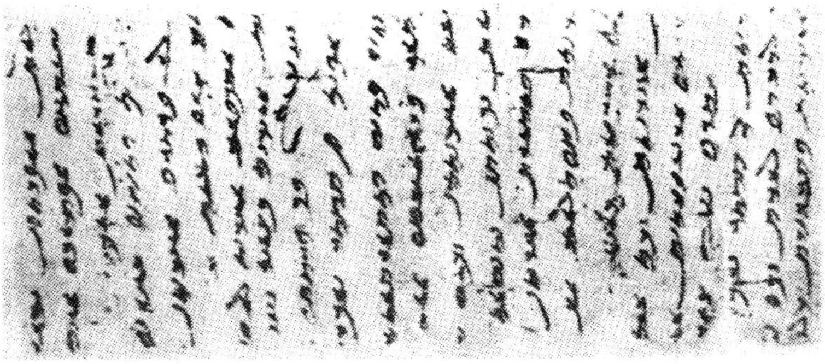

1

2

图四　粟特语文书及叙利亚语墓志

1. 1 世纪之粟特语文书

2. 蒙古时代景教徒的叙利亚语墓志

各国中亚探险队所获大量文书中，有当时完全不明白的三种语言。其中一种在探险地区各地发现，为广泛流行在沿西域交通道路上的语言。由于欧洲诸国学者竞相研究，发现其文书中之月份名称与11世纪作者贝鲁尼（Al-Bīrunī）书中所记粟特语的月份名称一致，遂定为粟特人的用语。原来粟特（Sogda）和粟特族如前所述，尽管从中亚的曙光时代就已知道，但其语言之特点不得而知。古代斯脱拉波说粟特人及波斯东北地方的人说同一种语言。之后玄奘三藏在《大唐西域记》中留下一点关于窣利的语言文字的记载，但一向不得要领。现在发现了用这种语言写成的各种宗教典籍和日用文书（见图四：1）、历法、碑文等，时代则远溯到公元1世纪（耿按：后来研究证明没有这样早，最早文献属公元4、5世纪）。发现地区也不限于天山南路，在甘肃省敦煌、外蒙古也有发现。这说明凡粟特人所到之处都多少流行粟特语。这一事实从粟特文化传播上也应加以重视。像各种宗教典籍一样，从粟特语译为汉语和突厥语的也应不少。

不明白的第二种语言主要用于今和田（古代于阗）出土的文书（见图三：1）中。这应是一种突厥人侵入以前行于当地的典籍和日常用语。为此有的学者称之为于阗语即和阗语，也有人根据其语言的性质属于一种伊兰语而称之为东伊兰语。但虽同为伊兰语，和阗语比起粟特语来，其原始的特征破坏得更为显著。也有人认为它与汉文史籍中所谓大月氏即贵霜之语言类似。总之，这曾是于阗人之用语，该语言属性也很清楚，再参照表明其人种特征的记载和绘画之类，可决定于阗人属伊兰人种。

第三种不明语言分为甲、乙两种，在古之疏勒（耿按：疏勒应属于阗语范围）、龟兹、焉耆、高昌，即沿所谓北道地方发现有这种语言的资料。但应注意的是，甲种语言在昔之龟兹（今之库车）绝无发现，而用这种语言写成的也只限于佛典。乙种语言广泛行于北道各地，同时清楚表明它是一种日常用语，也用于通行证、壁画之题词中。关于用什么名字称呼这种语言的问题，不是很容易决定的。根据当地探险所获古突厥语之《弥勒下生经》的跋文，该经是从印度语译为Toxri，即吐火罗语，又从吐火罗语译为突厥语。于是，认为此不明语即相当这里所说的吐火罗语。后来进一步研究，知道突厥语的《弥勒下生经》中有此不明语或通过此不明语借入的梵语，这也与跋文中所说相合。于是，主张此语为吐火罗语（见图三：3）之说益发有力。这种语言的甲、乙两种方言之间的差别相当大，在分布情况和使用目的上也不同。关于这两种语言是否都称作吐火罗语，或者此名称只限于其中的一种，仍有争论。现在看来，只有甲种应称此名，乙种则由于各种证据，现称为龟兹语（见图三：2）比较妥当。[①]

以上是第三种不明语言的定名问题。其中乙种语言至迟从公元1世纪就为以龟兹为中心的北道地方的人们日常用语，这一点是无疑的。然而甲种吐火罗语为什么人所使用，为什么用这种语言写成的资料不在龟兹领域内出土，关于这些问题目前尚不能充分说明。吐火罗之名既然是不可动摇的，那么该语言无疑应与称作吐火罗的地方和人种有关系[②]。但是它是否与斯脱拉波等记载的古吐火罗之名有关系，抑或与该语言资料所属时代的唐代吐火罗有关，这是留待将来解决的问题。

---

① 如后面第四章关于佛教经典所说，回鹘语一佛典跋文中说从 küsän 语译为吐火罗语，又从吐火罗语译为突厥语。把此处的 küsan 语名称解释为与迦腻色迦王有关系的人们熟知的“贵霜”已成为欧洲学术界的定说。我在昭和五年（公元 1930 年）即指出其误，并论证了应解释为龟兹语（《吐鲁番出土回鹘文摩尼救徒祈愿文》，载《桑原博士还历纪念东洋史论丛》）。1934 年伯希和在法国亚洲学报上发表了 Tokharien et Koutchéen 吐火罗语与库车语的长文，其中介绍了我的论点，并论断了这个长时间决定不了的第一种语言的乙种方言应称为龟兹语，即 Küšän 语。列维（S. Lévi）发表在法国《亚洲学报》的“Le Tokharien B”（《论乙种吐火罗语》）从另一方面论证应称作库车语。

② 译者按：由于二次大战后法国考古队在阿富汗北部（古代吐火罗斯坦）发现了真正吐火罗语碑铭（属伊兰语），所谓甲种吐火罗语现应称作焉耆—高昌语为宜。

再有关于此地语言的一个重要问题，就是其性质的问题。这种语言也属印欧语的一种，这一点是早就清楚的。但其语言结构与前面的粟特语和东伊兰语（古代于阗语）不同，不是属于东方系，而类似西方系的欧洲语。单词方面也有同样的类似情况。这些现象如何解释，众说纷纭，尚无定说。不管如何说明，这种语言是通行天山南路北道的语言，这一点是不可否认的事实。使用它的龟兹地方的人种风貌也可从该地发现的绘画中看出。正如其语言属性所表明的，他们无疑不是突厥种族，而是属于雅利安种的一种[①]。

① 参见后面第五章。

第四章　西域流行的各种宗教及其典籍

一、琐罗亚斯德教

巴克特利亚所开创的琐罗亚斯德教，即拜火教，由于受到阿赫买尼德朝的保护，在伊兰民族中获得迅速传播。从其圣典《赞德—阿维斯塔》（Zend Avesta）中记有Sogdiana、Margiana、Bactria、Hirkania、费尔干等为其教徒住地来看，从很古时起，该教就已传播于妫水以北地方的伊兰民族间。关于此教圣典中的纪事和时代及事实之真伪，要批判研究的尚多，意见也不一致。但从各种事情来看，此教开创后不久，应已传到粟特地方。关于其后发展的情况，由于当地文献一般已湮灭不传，几乎不能得知。在穆斯林征服留有诸种记录以前，我们只能从零碎的中国史书里散见的记载中推知外，别无他法。

在中国史料中，关于这方面的记载始于5世纪中期。可能是根据当时南北朝时奉北魏的使命出使西方的董琬、高明等的见闻材料记述的

《魏书·西域传·康国条》中说，决定居民刑罚的法律置于祆教祠中，断罪时据此裁定之。所谓祆[1]指琐罗亚斯德教，祭祀天神火神，是中国唐初为表示这种教新制的字。当时该地虽也盛行佛教，从这种依据置于祆祠中的法律断决居民罪行的情况来看，一般应都信此教，并流行依神意断罪的风习。之后据628年（？）访问该地的玄奘三藏所说[2]，当时佛教信仰已衰落，只行拜火教。之后约经过百年，游历同一地方的慧超[3]也说撒马尔罕附近诸国都信祆教。穆斯林征服时，布哈拉及粟特诸城市也都奉此教。这从伊斯兰教诸种记录中可看出。再有，7世纪[4]的布哈拉和花剌子模的货币上铸有戴冠的像和燃着圣火的祭坛，也说明当地信仰拜火教，与中国史料所记一致。这种冠称为**Tadj**，因为拜火教徒所用，所以称其教徒为**Tadjik**。阿拉伯人征服波斯后，由于两者混淆不好分，也用此名称阿拉伯穆斯林，传到中国遂用大食、大石（Tadjik）等字称阿拉伯人。

这样，从此教开创以来到伊斯兰教流行时为止，持续流行在粟特地区，但未成为国教，因此，未妨碍佛教、摩尼教、基督教的信仰。它与当地的政权没有任何联系，而和波斯的政教两权合一不同。这可能和异族屡屡入侵掌握了当地主权以及大商人辈出占有贵族地位有关，所以未能像在波斯一样发展成为国教。

关于此种宗教如何从粟特地区传入东部或东北部中央亚细亚的情况，主要是依据中国的记录。据中国史书记载，占据该地的哌哒族信奉这种宗教[5]。此外，南北朝魏时此教也行于天山南路之焉耆、高昌地

① 羽田亨：《天与祆与祁连》，《史林》，第九卷，第一号。

② 《慈恩寺三藏法师传》，卷二，《飒秣建国》条。

③ 敦煌出土的《往五天竺国传》："安国、曹国、史国、石螺国、米国、康国……此六国总事火祆，不识佛法，唯康国有一寺，有一僧，又不解敬也。"

④ Barthold, *Turkestan down to the Mongol Invasion*（《蒙古入侵前的突厥斯坦》），p. 204 and 206.

⑤ 《梁书·滑国传》。

方[1]，并在魏到齐、周时传入中国[2]。大概为东来的粟特人传入，中国出于怀柔政策之需要，才予以保护。以后关于此教流行情况的记载逐渐增多。到唐代从疏勒、于阗、伊吾（今哈密）、敦煌附近直到长安、洛阳，都建有其神祠[3]。

二、佛　教

阿育王时代佛教广泛传播于印度内外，这是佛典中所说的有名事件。此外，确实的史料中关于佛教在兴都库什山脉以北流行的最初痕迹，为公元前1世纪中期成书的Alexander polyhisor纪事[4]中谈到有居住在当时大夏的沙门（Ṣamane）。这个词就是前述龟兹语西域文书中所见的Ṣamāne，吐火罗语和粟特语中的šaman。这一点证明这时已有佛教沙门住在大夏。关于佛教何时传入粟特地区的问题，虽不能判明，但应在摩尼教传入当地的270年以前（详见下）。这从佛教传入中国的情况也可确定。在这个时代以前来中国传播佛教的人中，有康居的僧人康巨（或臣）、康孟祥、康僧铠等。他们都是2世纪末到3世纪中叶期间活动于汉魏佛教界的人物。从在此以前已有安息国太子、著名的佛僧安世高于2世纪中叶（后汉桓帝时）来中国从事译经工作，以及其后该国僧侣相继东来这些情况看，其东邻粟特也应同样早已传入佛教。他们三人在其本国修行佛道，乘当时佛教东传的风潮来到中国。当时中国史书中的所谓康居包括粟特地

① 《魏书·西域传》焉耆、高昌条。

② 《魏书·宣武灵皇后传》《隋书·礼仪志》等。羽田亨：《天与祆与祁连》。

③ 陈垣：《火祆教入中国考》。

④ *Lassen Indische Alterthumskunde*（《印度未来学》）II. S. 1073.

区，被称作康居人的中间也有粟特人。所以这些康居名僧与其说是过游牧生活的纯粹康居人，还不如认为是隶属于他们的粟特人更为合适。

总之，公元前1世纪中期已有关于大夏流行佛教的记载。在粟特地区，虽然到了公元2世纪末才首次见到那里流行佛教的记载，但实际上应如安息一样要更早些。那里从南北朝到隋代明显信奉佛教，到7世纪初才衰落，这从前述之玄奘传中也可看出。

至于佛教何时起流行于天山南路的西域地方，尚无确证。但从3世纪中期有龟兹人白延来魏从事佛典的汉译工作，北魏朱士行到于阗求大乘佛典以及汉译最古佛典中有龟兹语音译或义译的词来看[①]，应在这些汉译佛典之前，即公元2世纪以前那里就已经流行佛教了。在西方文明的东传中，在传入中国之前先传入西域，除极特殊的场合外，一般应认为是自然的事（不仅是限于佛教的传播）。除龟兹、于阗以外，疏勒、焉耆以及该地区内许多地方都流行佛教来看，再加上其他证据，应认为那里的人早在公元1世纪就已普遍信奉佛教了。

这样，从古代就流行在天山南路西域地方的佛教一直持续到后来伊斯兰教的传入。大致说来，沿北道诸地行小乘教，沿南道诸地行大乘教。那里出了许多佛教界著名的人物，其中有东方佛教界最有名的人物龟兹人鸠摩罗什三藏。

① 羽田亨：《挽近东洋史学之进步》（《史林》，第三卷，第二号，第78页）。

三、摩尼教

摩尼教为生于波斯萨珊王朝初期的摩尼（生于240年左右）所创立，它是以古代巴比伦宗教为基础，参酌了琐罗亚斯德教、佛教、基督教等教义而开创的新宗教，是彻底的二元教。一时曾得到王朝的承认，在宫廷内也有信徒。但不久被琐罗亚斯德教认为是异端而加以禁绝，教祖摩尼于275年（依西域文书[①]为273年）被处磔刑，经典被烧毁。据说，摩尼在世时一弟子被派到东方在斯基泰民族中传教，但不知是否确实。摩尼死后教徒受迫害，多东逃移居于妫水（Oxus）彼岸。摩尼教进入那里，应与教徒为了逃避迫害移住有关。摩尼教徒的移住不仅限于粟特地区诸城市，他们并越过药杀水到达楚河一带。于是首次把伊兰文化移植到那里[②]。总之，以后花剌子模和粟特就成了摩尼教的根据地。古来流行拜火教的这一地方后来有佛教传入。这时摩尼教也传来，并相互存在。穆斯林征服后摩尼教在当地尚未长期维持其命脉，被认为是其一派的Mazdakizm（信仰上信奉原始共产主义，实行共有妇女的一派）曾在布哈拉掀起叛乱，780年左右穆斯林军以巨大的牺牲方才加以平定[③]。到10世纪初期撒马尔罕还有五百多摩尼教徒居住[④]。

① Le Cog, *Manichaica*（《摩尼教文献》），p. 1 and 39.

② Barthold 据呼罗珊（Khurassan）人 Schahrastani 的记事（Theodor Haarbŭcher 译出的 *Religionsparthien und Philosophen Schulen*,1850,Theil, I S.293） 在其 *Zur Geschichte des christen tums in Mittel-asien*（《中亚基督教史》），1901,S.13中所述。

③ 同上书，第 18 页。

④ Flügel, Mani, *Seine Lehre und Seine Sehriften*（《摩尼及其教义和著作》），1862 年，第 105 页。

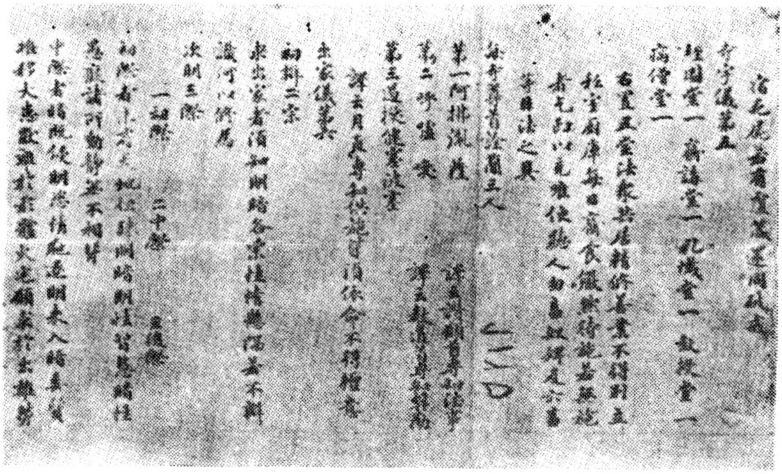

图五　汉文摩尼教及基督教经典

上　摩尼教经典《摩尼光佛教法仪略》

下　景教（基督教聂斯托里派）经典《志玄安乐经》

摩尼教从楚河更东渐传入天山南路之西域，应在中国的则天武后延载元年（公元694年）以前。据敦煌出土的文书记载，在此数年前罗布泊的石城镇的首领为撒马尔罕出身的摩尼教僧侣[①]。此教传入唐朝后，更传入与唐有密切关系的回鹘，并获得居住在今外蒙古的该部人的热心信仰，其僧侣则参与国政的指导。一般说，该地突厥族的原来宗教为所谓萨满教。虽有过佛教的宣传并曾为某个可汗信奉过，但终归与其勇武好战的精神不相容，未能流传。但严格禁止杀生的摩尼教竟能在他们中间取得势力，可说是一件怪事。在东方从事传播摩尼教的不仅有粟特人，也有吐火罗人。从建于鄂尔浑河畔回鹘首都哈喇巴勒哈逊（Kara Balgasun）的用汉语、粟特语和回鹘语书写的回鹘保义可汗纪功碑[②]中可看出，回鹘人中的摩尼僧多为粟特人。他们卒能在曾拒绝佛教的突厥人中获得成功，不能不归功于其聪明。

回鹘部西迁天山南路以前，该地区一部分地方已流行有摩尼教。说明这一点的除上述的材料以外，还有其他证据[③]。西迁后由于是回鹘信仰的中心，此教更广泛扩及于这一地区。10世纪时伊斯兰教史学家[④]记载中的摩尼教徒Toghuzghuz，即指西迁后的回鹘部族。

① 羽田亨：《漠北之地与康国人》（《支那学》，第三卷，第五号，第10页）。

② 参见后面第七章。

③ Ramstedt, *Zwei Uigurirische Runeninschriften in der Nord-Mongolei*（《北蒙古发现的两个回鹘卢尼文碑铭》），*JSFOu*, Vol.XXX. 1913或《通报》，1913，12月份沙畹的介绍。

④ Massudi,《黄金草原》，Barbier de Meynard 译本，t. I, p. 288。

四、基督教

基督教传入粟特地方的情况虽不能确知，但比起其他宗教来应属较后时期之事。诸书中虽早在5世纪初就见有木鹿（Merv）和赫拉特（Herat）置有基督教的一派景教（Nestorianism）司教之记载，但没有7世纪上半期以前在妫水以北地方任命僧官之记录[①]。此教任命各种僧官的文书和记录比较好地保存了下来，依此可大概知其布教的范围和时代。为此，基督教在粟特地方的流传应在7世纪前半期、萨珊王朝灭亡之后。但在任命僧正或大僧正管理该地教区以前，那里应在某种程度上已有景教传播。因为证之于中国有名的《大秦景教流行中国碑》，唐贞观九年（公元635年）此教已由大秦人阿罗本传入中国。从一般情况来看，当时粟特和其东方的西域地方也应已有流传。天山南路，尤其在高昌故地发现有叙利亚语、粟特语、中世纪波斯语和突厥语的基督教福音书和教论以及该地寺院的壁画等都说明景教在那里有所流行。可惜的是这些圣典和壁画的年代确定不了。有人认为这些经典中的一些种类用的是6世纪中期的字体[②]，这一点确实与否尚难证明。如果是这样，那就证明此教在传入唐朝以前，就已流行于高昌，并在那时已翻译成粟特语或已有用这种语言撰述之经典，从而给该教在中亚的流传史上增添光辉。敦煌出土的唐代汉文基督教经典中已有大概为粟特语音

① Barthold, *Zur Geschichte des christen tums in Mittel-asien*（《中亚基督教史》）, 1901, p. 16.

② Lüders, *Über die Literalischen Funde Von Ostturkistan*（《新疆发现的古文献》）, *SPAW*, 1914, S.97–98.

译的两三个名词，它是解决这个问题的关键。这里暂不讨论。

依穆斯林记录，9、10世纪在粟特与中国之间有三种主要的突厥族，即古兹（Ghuzz）、葛逻禄（Qarluq）和托古兹古兹（Toghuzghuz）。古兹一般认为与土库曼（Turkman）为同一部族。托古兹古兹即突厥碑文中之Taquzuɣuz，也即回鹘。著名的塞尔柱突厥（Seljuk-Türk）之始祖塞尔柱即为古兹部族出身。证明其子为基督教徒的是有名叫Michael的。又据13世纪作者卡兹维尼（Kazwīnī）之记载，该部族确为基督教徒[①]。葛逻禄部族与此教的关系不明，但在当时应属于其领地内的塔拉斯城设有基督教会[②]。在托古兹古兹领地内龟兹附近的拜城（Bai）也有基督教徒和其他宗教信徒一起居住[③]。之后黑汗王朝和西辽时代大概应保持同样的情况。篡夺西辽政权的乃蛮部（住在阿尔泰山东到接近蒙古根据地的部族）何时起信奉此教虽不得而知，但有名的法国鲁不鲁克在其旅行记[④]中说他们是景教徒。我们知道更靠东的蒙古的克烈部（Kerait）也为景教徒，其部酋长王汗被马可波罗称之为Prester Johu，并因此而产生种种传说。除以上记录外，1886年以来在楚河谷的Pishpek，Tokmak等古寺院遗址发现许多景教徒之墓志[⑤]（见图四：2）（最初在Chwolson发现206个，之后逐渐增到一千二三百个[⑥]），多属蒙古时代，比较早的有西辽时代的，尚有相当于1095年，即属于黑汗王朝的。日本江上氏等目前正在进行内蒙地区蒙古时代基督教遗址遗物的发掘。

---

① Barthold, *Zur Geschichte des Christen tums in Mittel-asien*（《中亚基督教史》），1901，p. 42.

② 同上书，p. 40.

③ Yule, *Cathay and the way thiether*（《契丹行程录》），CXC.

④ Rockhill, *The Journey of william of Rubruek*（《鲁不鲁克旅行记》），p.110.

⑤ Chwolson, *Syrisch-nestorianische Grabinschri ften aus Semirjetschie*（《七河发现的叙利亚语景教墓碑》），*Memoirs de 1'Académie Imperiale des Sciences de Stpeterb*, VII. No. 8.

⑥ Pelliot, *Chréstiens d'Asie Centrale*（《中亚基督教史》），*T'oung-pao*, XVII, p. 627.

五、伊斯兰教

最后简单谈谈伊斯兰教即回教的传播情况。伊斯兰教传入中亚，不言而喻是伴同阿拉伯人征服中亚而发生的。姑且不论670年作为阿拉伯人首次越过乌浒河的侵入者而为人所周知的al-Hakam，就是40年后讨伐粟特、开始把伊斯兰教势力植于此地的屈底波（Kutayba）后，阿拉伯人只不过是作为军队的统率者和租税的征收者君临此地，并未亲自进行实际的统治。当时对信仰问题尚甚宽大，对改宗者当然是优待，但并不止其他宗教。对异教徒采取排挤的态度，是在8世纪的阿拔斯王朝时期。从这时起采用了波斯萨珊王朝时代的政治组织，在其全部领土上奉伊斯兰教为国教。此后，在粟特屡次发生因信仰问题而引起的斗争和迫害。

关于此教传入更东部的西域情况和时代尚不清楚。一般所知的是960年，有统治于楚河河畔巴拉萨衮（Balasagun）的突厥族的萨土克·布格拉（Satoq Bughra）汗率20万帐部民改宗归信伊斯兰教，在与粟特邻接的该地的同族人间也应渐渐有所流传。但布格拉汗之改宗无疑是件大的事情。许多学者认为这个王朝为回鹘部族所建（见前篇第十章）。11世纪下半期用突厥语写成伊斯兰道德书即著名的《福乐智慧》一书，就是献给这个王朝的可汗的。

喀什噶尔和其南部的莎车（Yarkend）等也于1000年流行此教[①]。

---

① 参看后篇第八章。

9世纪后半期从外蒙古西迁天山南路的回鹘部族，如前所述，曾为热心的摩尼教的信仰者。11世纪起他们似逐渐受此教之感化。中国因他们是穆斯林所以称此教为回回教或回教。回回为回鹘之变形，回是其省略形式。这样伊斯兰教逐渐在中亚扩大其教网，遂成为流行全区的唯一宗教。关于这一点下面还要谈到。

*　*　*

在结束本章时，再略谈一下流行中亚诸宗教的经典。关于这些宗教经典的知识全是上面谈到的西域探险之成果。在此以前关于这个问题几无所知。但目前尚无拜火教经典的发现，所以依然无法直接知道流行中亚的此教的教义。

佛教经典在中亚各地曾广泛地被译成各种当地的语言，中国佛典中也有译自这些语言的。但只有仔细研读中国汉译佛典才能发现一点儿这方面的记事。所以迄西域探险时，一般人不用说，就是佛教学者也未加以注意[①]。然而从新发现的材料中我们知道，从前述佛教流传的初期起，各种佛典就已译为粟特语、吐火罗语、龟兹语、于阗语，之后又译为突厥语。除原典梵文外，还诵读译成本国语言的经典。其中称作吐火罗语的佛典可能是在吐火罗地方译成，再输入天山南路的北道地方（耿按：此说已过时，应是在焉耆、高昌译成），用与其只有方言差别的龟兹语写的佛典无疑是在龟兹译成为当地语言的。过去欧洲学者把突厥语某种佛典中[②]提到的从印度语译为Küsän语，又从Küsän语译为突

① 羽田亨：《汉译佛典》（《艺文》文，第四号）。

② F. W. K. Müller, *Toxri und Kuišan*（《吐火罗与贵霜》），*SPAW*, 1918, XXVII.

厥语一段文字中的Küsän考定为贵霜（也就是中国说的大月氏），这是错误的。Küsän实为突厥语对龟兹的称呼[①]。所以“译为Küsän语”即为“译为龟兹语”之意，而不是像吐火罗语佛典那样在外地译成。又所谓突厥语佛典，一般与所谓回鹘佛语的佛典，应属于回鹘人9世纪半迁居西域以前居住在当地的突厥人的，不应称为回鹘语[②]。

这里应该注意的是，在西域各地许多佛典被翻译转述过程中，是否已多少加有当地的民族的宗教思想，从而给原来的佛教带来变化。从现已发表的研究结果中尚未看到这方面的明显现象。但在佛本身谭等作品中已见有与梵本很不同的东西，这说明至少或者在某种程度上已有变化。对此再从这种多少已起变化的佛典译成的汉文佛典，更要从东方佛教研究这个角度加以注意。

摩尼教经典是与摩尼被焚杀一起被焚毁了。关于其后在东方的这种宗教教义及经典之遗存一向不清楚，我们只能从保存在基督教典籍中知其大体。由于西域探险的结果，我们发现了用粟特语写的宇宙创世说，用中古波斯语写的据说是摩尼自己作的七部经典之一，在回鹘语写的经典中有引自佛教和基督教的东西，以及用这些语言写成的福音书、赞歌、宗教理论等文献后，这才明确知道这种宗教的教义。敦煌千佛洞也出土有译成汉文的摩尼教经典[③]（见图五：上），这有助于阐明唐

① 羽田亨：《回鹘文摩尼教徒祈愿文断简》（桑原博士：《还历纪念东洋史论丛》收），法文译文见 *The Memoires of the Department of the Toyu Bunko*, No. 6, 1931。

② 羽田亨：《突厥族与佛教》（《宗教研究》，第五卷，八号，大正十三年八月）。

③ 罗振玉把其中一种题为《波斯教残经》刊于国学丛刊第二，别一断简刊于《敦煌石室遗书》及《石室秘宝》中。前者存北平，后者存巴黎各国立图书馆，沙畹和伯希和共著之 *Untraité manichiéen retronvé enchine*（《摩尼教流行中国考》）（J. A. 1911, Nov. – Déc. 1913, Jan. – Fév. et Mars – Aril）为关于前者的详细译注的重要著述，并附有本文，其中也收有后者的本文和译注。但接续巴黎断简前面的断简为斯坦因氏所获，现藏伦敦大英博物馆。从其经题和识语中知为唐开元十九年六月八日译出的叫作《摩尼光佛教法仪略》的仪规之类的东西。此外，大英博物馆尚藏有也为斯坦因从敦煌所得的集录摩尼教赞文的东西，其一

代摩尼教史，原文可能为中古波斯语。

从敦煌发现的过去从来不知道的汉文经典数种（见图五：下）。从其用语和记述方面来看，如上所述，应为大概是粟特出身的上德所选述，并且从中可以看出他们在布教时对于唐代盛行的佛教、道教采取了明显的调和态度。这与明末利玛窦等对儒教所取的态度如出一辙。

伊斯兰教把《古兰经》之语言和文字视为神圣不可侵犯的，不允许教徒译为自己的国语，所以全用阿拉伯语诵读。所以没有像佛教及其他宗教那样有考察圣典中地方和民族特点变化的余地。所以其教徒都多少有点阿拉伯语的知识。这点不独对宗教，也对阿拉伯文化的传播有很大作用。

部分已为 Waldschmidt 和 Lenztz 在题作 *Die stellung Jesus in Manichäismus*（《摩尼教中耶稣所占的地位》，*APAW*, 1926）的论文中译出并附有注释。

第五章　宗教美术

前章略述了伊斯兰教传播于中亚全区的情况。在此过程中，由于把使异教徒改宗作为信徒的神圣义务，所以一切属于异教的圣典及其他文献不可避免地遭到毁灭。古来广泛流行于这些地方的诸宗教文献的湮灭，除自然之破坏外，大部分都是在此期间造成的。与诸宗教之流传同时盛行的宗教美术等也遭到了同样的命运，对其情况几乎全不可知。只有天山南路的西域，由于近时之探险发掘，搜集了那些多少尚未遭到破坏或埋于地下的东西，借此我们才得以知道其大概，应该是一件值得庆幸的事。

在当地所行诸种宗教美术中，最引人注意的当推佛教美术。这种重要的美术遗存为残存于各地的千佛洞（突厥语叫明屋Ming-Ui）和各处佛塔废墟中的绘画、塑像等。所谓千佛洞（见图六），是在山的斜面开凿许多洞窟，用来祭祀佛像，洞窟之间连以走廊或地道，窟的内部在佛坛以外饰以佛画塑像等。这些千佛洞相当于以佛教的佛坛为中心的御堂，由于此地缺乏建筑材料，所以自然得到发展。但印度和阿富汗等地早已发展有这种东西，它应随佛教一起传入当地。

图六　敦煌千佛洞

图七　克孜尔千佛洞壁画供养人像

图八　克孜尔千佛洞画家像

为库车附近克孜尔千佛洞一窟中画家作画时的图

左侧为原图，右侧为格伦威尔德的复原图

佛塔在别地也有建造，但这里不是用木和石，主要是用土坯和泥土筑成。这些佛洞、塔以及其中的佛像和画在四周壁上、栏间、藻井上的绘画，目前发现的很多。其中属于中古时期的在构造手法、意匠等方面属于所谓犍陀罗式的也很多，而且都是依原样移入的。随着时代的推移，加上了当地的喜好而出现诸种变化，最后又出现了受到中国美术影响的东西。这种变化与此地外来文化的传播和其发达史上所见的潮流大体平行，这一点是很有趣味的现象。然而何谓犍陀罗美术？现略述之。

自希腊大夏朝之德米特里乌斯王扩展其势力于兴都库什山脉以南以来，在二百年间希腊人持续统治包括犍陀罗在内的喀布尔河流域。他们一开始就采取了对此地文化容忍的态度。可能为公元前2世纪中期到末期在世的弥兰陀王被认为曾是热心的佛教徒。但在此时期尚未形成所谓的犍陀罗美术，证据是这时国王的货币上只铸有圆轮（法轮）（见图二：3），尚未刻有后来货币中所见到的这种刻有佛像的式样。如果当时已产生以图像来表现佛的做法，那就会在铸有法轮的一面刻上佛像，如迦腻色迦王货币（见图二：3）那样。大体上在未用法轮和图像表现佛的时代，用莲花、菩提树和塔一起作为佛教的象征，如在古代佛教的纪念物桑溪（Sanchi）、巴脱特（Barhut）等地佛塔的装饰中所看到的那样。用佛像来表现释尊和其门徒，实以犍陀罗美术为嚆矢。

犍陀罗美术的权威法国符歇（Foucher）氏在说明这种美术时①，认为是印度的感情与希腊的美二者协调的结合。对于这种美术的形成单说是佛教与希腊文明的结合是不够的。他认为②要考虑到工艺家、施主和有关制作定购的三种要素。施主应为佛教徒的印度人。从雕像的头发，椭圆的颜面、鼻梁与额成直线，以及其他眼、口、衣褶等特征都是

① Foucher, *The Beginings of the Buddhist Art*（《佛教艺术的发端》），p. 136.

② Foucher, *La première image du Buddha*（《佛陀的早期图像》），昭和三年日佛会馆编，与日译文一起收入《佛教美术研究》。

希腊风来看，工艺家应是希腊人，尤其是佛陀蓄发这一点与佛典不合。这一点如接受制作订货的人不是限于外国工艺家，不会如此固执。同时也很难认为是纯粹的希腊人能这样善于体谅佛教的宗教感情，完成这种制作。而大概是由东方化的希腊人和印度人的混血美术家所制作，结果这种美术既不是纯希腊风也不是纯印度风，而是两种融合后产生的第三种东西。总之，以现实人间之像表现超人的佛陀，开始并不行于印度人中（印度人只不过以记号表现这点而已），而是佛教信徒向住在犍陀罗的希腊系造像艺术家订货。而接受这种订货的艺术家以希腊技术制作表现佛教思想和感情的佛像时，出于造像美学的要求，认为头发是不能缺少的，所以不管订货如何，不管圣典是如何规定的，而将它保留了下来。这种看法应认为大体上是对的。

这种美术的发祥地一般认为是犍陀罗，从各方面看，这是没有疑问的。问题是它何时产生。关于这个问题，或谓是公元前2世纪中叶，或谓公元前1世纪，或谓在迦腻色迦王以前不存在，等等，众说纷纭。最恰当的说法还是符歇氏一派的说法①。根据研究许多属于这一样式的佛像的结果，它的产生应在公元前稍早的时期，即公元前1世纪末或中叶，到公元后1世纪末时，其发展已达到样式化了。

以上关于犍陀罗美术所谈的，主要是指雕刻而言，关于绘画的情况也大致如此。属于这一式的绘画在北印度绝无保存。依据近年来法国的阿富汗探险队介绍的巴米羊千佛洞的遗存（见图九），我们只能想象其情况。据此，即受伊兰的影响很多，大体上也是不错的。但仅依这些资料尚不能解决产生于何时，如何发展的问题。并且也很难认为在优秀的立体描写的雕刻艺术流行的同时，同式的平面描写绘画（不管巧

① Foucher, *La première image du Buddha*（《佛陀的早期图像》），昭和三年日佛会馆编，与日译文一起收入《佛教美术研究》。Waldschmidt, Gandhara, 1925。Bachofer, *Zur Datierung der Gandha-ra plastik*（《犍陀罗雕塑的年代》），1925。

拙）不同时并行。再有也很难认为雕刻已表现出发展变化，而绘画不随之发展变化。绘画资料留存至今日的几无，并不是因为未曾有过这种东西，而是由于有意或偶然地遭到毁灭而已。

把具有这种起源与性质的犍陀罗雕刻与天山南路西域发现的属于佛教美术的绘画加以对比，可看到两者间有不少酷似处（见卷头图），其中直到细节酷似这点，是与佛教从北印度传来此地的同时按其原样画成有关。类似程度稍差的是因随同佛教在当地的消化、经典的翻译、撰述益发盛行，当地信徒把自己的喜好和办法加到这种美术上来之故。类似点更差一些的加有新的倾向的部分，是由于中国文化的影响渐渐及于当地而产生的现象。关于依据这些资料对于这种变化加以分析问题，西欧学者的意见大致是一致的[①]，而且是说到主要处的。据此，与犍陀罗雕刻十分一致的，属于公元3、4世纪以前；其次具有最接近犍陀罗雕刻要素的，属5、6世纪；再其次在前者之上加有中国式要素的，属于7世纪即唐代以及以后（见图十、图十一）。但唐代以后的还存有区别，即前面诸式减弱，而与中国式合成之迹明显的，应属回鹘时代。

以上所说是关于新出的绘画。至于作为雕刻美术上有重要位置的塑像，作为建筑艺术的佛塔及千佛洞内部的构造、样式等，则同样多属于犍陀罗式[②]。但一般比起绘画来更长久地保持了原形。

还有一个重要问题是，留下这种美术品的艺术家是当地居民，抑或为外来人？关于这个问题像任何文明史一样，开始时不用说，就是以后也有不少说明是出自外来艺术家手中的证据，但属于当地人艺术家笔下的也不少。今库车附近克孜尔千佛洞中一个窟中画有画家画壁画的情景（见图八），其奇异的服装和发式都说明他们是晋代到唐代记录中所说的龟兹地方的居民。因这一点很重要，这里稍加说明。

① 羽田亨：《西域文明史概论》，第62—64页。
② 同上书，第65页。

1

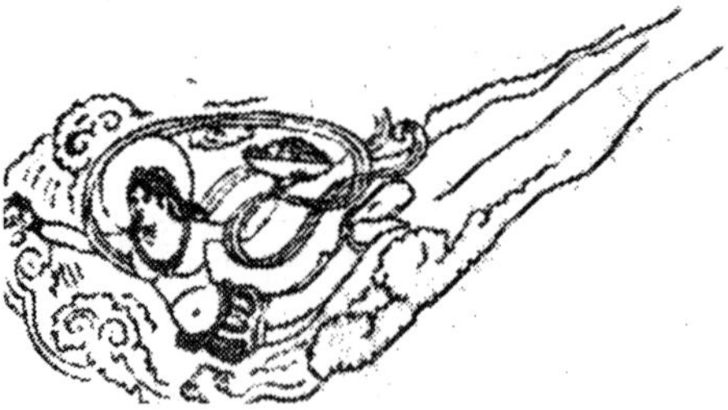

3

2

图九　飞天图

1.为梵衍那（Bamiyan）千佛洞

2.为克孜尔千佛洞

3.为胜金口佛寺壁画的临摹。时代愈下东方装饰渐次突出。披肩如图九：3及图十成显著翻飞状

图十　库木吐拉千佛洞唐代壁画之飞天

图十一　库木吐拉千佛洞晚唐时代之壁画

龟兹（今库车）附近的克孜尔千佛洞壁画中（如格伦威德尔氏[①]和勒柯克氏[②]的精致图版所示）画有施主的肖像。本书图七为勒柯克氏的一幅复原图[③]。此肖像画的服饰、容貌等如说明中所说，富有显著特征。其中左衽的上衣，上衣上镶着宽边，右前襟上翻折的下摆以及不平常的靴子和裤子，踮起脚跟的姿势，长剑外并带有短剑，剪短分开的头发（涂有红色和白色）等，特别引人注目。此壁画应画于唐代初期[④]，画的是施主。其容貌、服饰等方面的特征说明他们无疑是当地人，更可能是当地富有的贵族。与此相一致的有唐贞观初经过此地的玄奘三藏在《大唐西域记》的记载，说当时龟兹人有断发的习惯。玄奘在屈支（龟兹）国条下记有："服饰锦褐、断发巾帽……王屈支种也。"[⑤]此事不仅见于西域记，早在晋代已见于记载，如《晋书》卷九十七《西戎传·龟兹国》条记有"男女皆剪发垂项"。关于邻国焉耆也有断发的记载，因与突厥的辫发风习不同，所以才特别记下。这种服饰容貌的人无疑是当时这地方的土著人，这幅壁画应为当地人画家所画。总之，谁都可看出这些画家的容貌服饰与前述施主的不平常的画像是完全一致的。格伦威德尔氏说这种头发为埃及风格的假发[⑥]。勒柯克氏一方面认为是当地吐火罗人的，又说似为一种使人想起古代埃及风格的假发的发式[⑦]。细看原图，就会看到这并不是假发，而是如《晋书》"剪发垂项"和《唐书》"断发齐项"之记载，画的是长长垂于两边和后面的在颈后剪齐的发式。这样看来这些肖像当是操龟兹语、并留下龟兹语文献的龟兹人

① Grünwedel, *Alt-Kutcha*（《古代库车》），Tafel, XLVIII, XLIX.

② Le Cog, *Dit buddhistische Spätantike in Mittelasien*（《中亚佛教古物》），III, Jafel I, IV, Tafel 4, 5.

③ 《古代库车》文字说部分，第 127 页。

④ Le Cog Auf Hellas Spuren in Osturkistan（《新疆地下的宝藏》），1926，第 113 页。

⑤ 《唐书·西域传·龟兹国》条："俗断发齐项……王以锦冒发。"

⑥ 勒柯克：*Altbuddhische Külstätten in Chin Turkestan*（《新疆古代佛教遗址》），第 153 页。

⑦ 勒柯克：《中亚佛教古物》，III，第 8 页。

（格伦威德尔、勒柯克所谓的吐火罗人）风貌的写实画。它除是贵重的美术资料外，尚有极重要的意义。这样，与佛教传播的同时，当地佛教美术也发达到当地俗人画家能挥笔画出这种壁画的水平。在原来犍陀罗式美术上施以这种新的润色的大概出自这些当地艺术家的笔下。

摩尼教和基督教流行的地区也应伴有各自的艺术作品。从现在出土情况看，这类作品主要出自高昌附近。摩尼教教祖摩尼本人原为画家，这一点也影响到宗教上。在出土的摩尼教经典中有不少是饰有漂亮插画的。在汉译摩尼教经典中记有该教的仪规（见图五：上）[①]。据此，在该教寺院中规定应置经图堂，由此可知摩尼教是如何重视绘画的了。

摩尼教绘画迄今尚没有像佛教那样有丰富的资料，对于其时代的变迁、发展也不得而知。究其系统当然应属于波斯萨珊王朝艺术之流。除精致的写实精神外，颇富有装饰的要素（见图十二）。这些在9世纪以后及于当地突厥居民的艺术影响（大致似与前述佛教情况相同），应为出自这些信徒笔下的遗存。

基督教美术的遗存则更少，迄今所知道的有：(1) 认为是画的基督最后进入耶路撒冷城，即“圣枝节”（Palm-sunday）情景的壁画断片[②]；(2) 似与此有关系的别的断片[③]，在高昌附近一小寺院的废址中发现；(3) 绢画[④]的小断片上残有持十字杖的座像一部分，应为基督教绘画，也为在高昌发现；(4) 敦煌[⑤]出土的应为基督画像的绢画断片（见图

① 见于本书后篇第四章末《摩尼光佛教法仪略》一书。

② Le Cog, Chotscho（高昌）, Tafel 7, a; 羽田亨：《西域文明史概论》，第 40 页，图版第三；松本荣一博士：《敦煌画的研究》，第 802 页，勒柯克氏起初认为是基督教司祭施洗礼的情景，后改为“圣枝节”情景（见该氏《新疆文化的宝藏》一书，第 64 页）。我在前书第二版补正中早已谈到这种看法。

③ 格伦威德尔：《新疆古代佛教遗迹》，第 339 页及勒柯克氏《高昌》，图七说明。

④ 勒柯克：《高昌》，“导言”，第 8 页及松本荣一博士前引书第 812 页。

⑤ 松本荣一前引书附图 200 及本文第 800 页以下。松本认为图中的妇女着纯唐朝式衣服。我不认为如此。与男人服饰一起也可看作西方妇女服装。

十三）。其中(1)（2)在形式上与佛画类不同，存有全为写实画法的西方画的风味，画像的容貌和服饰等也明显有波斯之特征[①]。其中(3)虽然存有十字杖，但很难断定其为基督教绘画，抑或是属于摩尼教的。因残存部分很少，很难把握其特点。但相当于其下部、残有胸部以上这幅画的施主像无疑为回鹘人的相貌服装，画法也与回鹘时代的佛画相同。其中(4)大概为敦煌地方唐的画家接受景教司祭或教徒的订货，按其意旨或其他参考材料画成。在整个写实画法中，佛画被采入为基调[②]。仅凭这些资料，是不能论述该地基督教美术性质的。高昌的壁画与其教义传播一起应来自波斯或粟特，其间尚无什么特殊的变化。而敦煌之基督画像(?)已见有唐代佛像画样式的影响了。

关于袄教美术，除曾记有在今哈密唐代袄教庙宇中有无数塑[③]像，敦煌附近袄教庙宇中画有神主外，没有可以依据的材料，所以无法详细论述。

* * *

① 勒柯克前引书，同页，说是为摩尼教画。

② 见前引松本书。

③ 斯坦因在敦煌所获文书中有唐光启元年书写的沙州、伊州地方的地志残卷。其中关于伊吾即今哈密的火袄庙记有“火袄庙中，有素书形象无数”。这里“素书”为“素画”的误写。“素画”指彩色塑像，见神田喜一郎《素画考》(《东洋史研究》，第五卷，第三号)。

1. 摩尼教与僧众。高昌摩尼教寺院废墟出土壁画。前面大型画为教祖摩尼，后面从者为僧众。僧众皆着白衣白冠。

2. 回鹘文带插图的摩尼教典籍残简。高昌摩尼教寺院废墟出土。画用金、银、红、绿等绚烂彩色画成。

图十二　摩尼教绘画

图十三　基督(?)画像

斯坦因在敦煌获得的绢本着色画断片，现藏大英博物馆。头饰及有波斯式翼的王冠上带有十字章、面貌等都具有写实风。

附记：这些美术材料尤其是绘画中，宗教画最多。但此外也有少数以一般风俗、花鸟为题材的画。这类画中相当于唐代以前的仍以波斯系画风画成，显示出西方文明之影响，完全不见缺乏阴影的古代中国画风的绘画。明显表现出这种特征的，像宗教画一样，应属于唐代以后的作品。

第六章　西域与汉文化

前面略述了分布在广大中央亚细亚的民族从古受到西方伊兰文化影响的情况。但东方汉文化的影响是否及于此地的居民?现进而论述这个问题。

汉与西域的政治交涉从武帝时开始以来,有汉之军人和官吏驻屯于天山南路各地,任务是防备北方人的入侵和监督地方政治情况。汉之商人在政府保护下往来远至葱岭以西的地方。称作汉使的官商,一起多到数百人,少则百余人,一年中这种商队有十余队。随之而来的最大的困难就是途中无人的地方缺乏粮食。在适当的地方设置屯田兵,不仅是为了戍者自身,也是为那些往来的商队准备糗粮。这种情况不独汉代如此,也是以后经营西域所常见的事情。所以除汉代以后某个时期以外,至少在天山南路地方,虽多寡程度不同,总不断有汉人居住。在这种情况下,汉文化不言而喻也随同他们进入这里。这从近来东西探险队所获许多属于汉文化的资料可以看出。在这些资料中[①]有属于尚未发

① 这些资料很多,关于其中特别要注意的,详见拙著《西域文明史概论》七、八两章。

明纸的时代的东西，即写在木简（见图十四）和绢上的记录书简以及与日常生活有密切关系的书籍，如历法、占卜、药方、兵学、算学、小学等部类的东西。它们都是出土自从敦煌到罗布泊方面的烽火台废墟和其他遗址中。后汉时代用纸以后的资料数量上逐渐增多，从晋到南北朝时期其种类也变得多起来。书籍（见图十五）中特别是汉译佛典以高昌为中心所获很多。到了唐代，不论在数量上和种类上都大大增加，文书、记录，诸种佛典自不待言，从经籍、史籍、诗文之类直到道教典籍都有发现，而且出土地点也遍及各处。在这种情况下，谁也不能否认汉文化从古以来就已及于此地的事实。

但这种汉文化大概只限于流行在住在这里的汉人中，或者已在内地为汉文化同化了的、迁到这里来的外族中间。高昌出土的汉文佛典和记录，除汉人外，也有为匈奴族的沮渠氏留下的。沮渠氏一族虽说是匈奴种，实际上早已同化于汉文化成了准汉人，先曾据今之张掖（甘州），建北凉国，后为后魏所逐，逃到这里。出土他们留下的遗物是当然的事。总之，此地汉人或准汉人以外留下这种资料的很少。有这种遗文发现的地方，就可认为是因某种原因为他们居住的地方。这点是不会错的。除这些人外，像日本、朝鲜那样由于当地人受到汉文化的影响，结果留下这种文献的无疑是没有的（耿按：此点不对，当地人坎曼尔就留有一些汉文诗。参见郭沫若：《坎曼尔诗签》）。这样看来，汉文化对西域人之影响、同化是很少的。在汉人以前就住在当地过着城郭生活的天山南路的西域人间，大体上是渗透了东渐的西方文明的，他们接受汉字和汉文是很难的。另外，也不见通过翻译在他们中间发生影响的证据；就是有恐怕也不明显。

此外，从一般美术工艺品方面考查，西域发现的明显为中国艺术家画的绘画迄今不能上溯唐代以前。早在南北朝时期西域画风就影响到中国，这是大家都知道的事实。反之，中国画对西域之影响，不见于这个时期的记录和遗物中。中国的工艺品，特别是绢帛等诸种织物类以及漆器、铁器等曾是西方诸国垂涎的东西。这些东西的遗物在西域各地出土的不少。这说明在他们的日常生活中也使用这些东西，但其中也一定有为住在那里的汉人使用的。又由于材料和制法的关系，西域人制作不了这些东西，多从中国内地输入。

这样看来，唐代以前天山南路西域的汉文化，实际上是为住在那里的汉人所具有的文化，尚未能给予西域人以大的影响。这一点恰如前面谈到的古代希腊文化对伊兰民族的情况相类似。但如上面所说，不同文化接触时，总是自然会多少发生相互影响的。汉文化的影响还未能达到改变已高度发达的西域文化的性质和改变其潮流的程度。《汉书·西域传·渠犁国》条记有下面一个故事：龟兹王绛宾娶了汉嫁给乌孙的公主所生的女儿，因之在汉宣帝时两人一起入朝并住了一年，之后又数度来长安朝贺。所以龟兹王很亲汉，乐汉衣服制度，归国后治宫室，作徼道（禁卫之地），出入让卫兵守卫，唤人做事时撞钟鼓，如汉天子仪。西域诸国人都讥笑之，说是非驴非马，称龟兹王为羸。宣帝时西域都护就驻屯在龟兹近处的乌垒城，以统辖监督归属汉势力的西域一带（见前篇第六章）。在这种情况下，模仿汉人尚受到一般人的嘲笑。从这一点也可看出，要让固有的西域文化一般转向汉文化是何等困难。

总之[①]，中国对西域的统治方针，汉代以来常为表面的，不过是为了防止该地归于北方游牧人势力，保证中国与葱岭以西地方交通贸易的安全。达到了这个目的后，对其实际政治并不进行深入的干预。简单说来，中国所派遣的都护、长史及其下属，只不过对西域人自行的政治加以一般的监督，实际上与西域人的社会和生活不发生特别密切的关系，所住也为另一区划，避免与当地人混住在一起。这是已具有发达文化的西域人也不易同化于汉文化的理由。高昌地区的汉人虽讲习经学诗史，但在实际生活上则使用胡语。这种情况到了唐代为之一变，至少在天山南路的

① 羽田亨：《西域文明史概论》，第117—147页。

西域地方唐朝官吏直接深入地干预了当地人民的政治。这从新出土的诸种文书中可看出。同时唐人住在这里的也增多了。过去不过主要是武人和官吏驻屯，现在则有不少的一般人和僧侣居住。这从新出土的户籍残卷和诸种文书或亲身见闻而写的旅行记中可看出。属于唐代的汉文典籍、佛典、纪录类在新出土的材料中显著增加。这是住在西域的唐人僧俗增加的结果。不单是这种资料有所增加，在绘画方面，有附题唐代年号的，或虽无年号，但从画风、共存物以及题跋的书体看，无疑是属于这一时代的优秀作品，也发现了不少。其中多为佛画，但也有风俗画和人物画。佛画中有珍贵的水墨画。这些绘画表明住在西域的许多唐人中有以绘画为专业或至少能画得不错的艺术家。这样，住在西域并参与各方面活动的唐人，在政治上、宗教上及其他一般社会生活上，应与当地人之间建立比以前更进一步的关系，增加了两种文化的密切接触，从而西域文化之汉化也多少有所加强。但就今日所知，尚未能确证这一点。各处千佛洞中的绘画及其他资料中虽有西域风格中杂有唐代手法特点的，但这与其说是出自学了唐代手法的西域人之手，毋宁说是这里的唐代艺术家采用了西域风格的结果。没有发现唐代学术、文学作品译成西域语的。虽偶然也有这类情况发生[①]，但那是在长安等地做成的，并不能认为是汉文化在西域普及的结果。为此，从现有材料来看，即使在这个时代汉文化对西域人有影响，但也不显著，那里依然是流行出自西方文化的东西。但比起以前的时代来，应当承认西域文化的汉化已有了进一步的发展。

与上述情况相对，到了晚唐以后，此地文化的汉化色彩逐渐显著，明显有了东西融合的趋势。对于这种新现象的产生，乍一看好像不可思议，但实际上则是自然之事。因为这时的西域人已不是中唐以前的西域人，即不是雅利安种系统的人种，而是没有高度发达文化的、对唐和伊兰文明一样亲近的突厥族的一部回鹘 (Ujgur) 人了。

① Pelliot, *Le Sutra de Causes et des effets* (《因果经》), t. II, p.VIII.

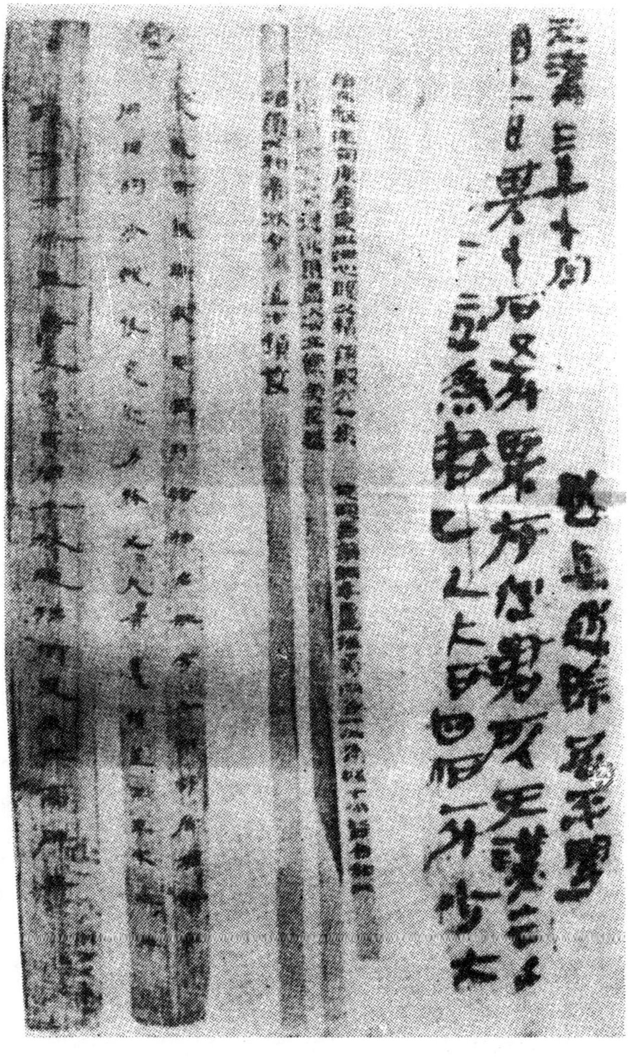

5b　5a　4　3　2　1

图十四　木简、竹简

1. 汉天汉三年（公元前98年）之出纳文书。

2、3、4. 写在竹简上的药方书。

5a及5b为削成三角形之木片，即觚面上《急就篇》的一章。

上述回鹘人占据中亚以前的情况，不仅关系到天山南路之西域，其余地方大概也是如此。天山北路直到其西部的突厥族游牧地带，使用一种在唐开元通宝钱里面铸有突厥文字的铜钱[①]，以及只在形式上模仿唐钱币而用后期粟特字（普通称为回鹘字）铸有突厥语铭文的突骑施钱等[②]。如根据这一点来看，会认为唐文化在当地有很大的影响。实际上像希腊人统治下的大夏情况一样，这是唐高宗以来到唐玄宗八十多年间此地隶属于唐，受其政治关系所产生的现象，不能以此推论整个情况。正如其钱币之文字为西方系统所表明的，在他们的本来游牧生活上，施以新的润色，大概不外是如粟特文化那种西方起源的东西。

粟特地方与唐朝的诸般关系，由于持续数十年的隶属关系，虽比任何时候都更为密切，但很难说唐文化的势力一般已显著地影响到那里。在工艺方面所给予的影响是显而易见的。如前所述，粟特人从古代就作为商人出入中国，把各种物产运到双方以谋利。唐之中亚经略加快了唐人到西方、粟特人进出东方之势，结果他们不单是转运中国之物产到西方，并以撒马尔罕为中心，在各处用中国技术经营工业，生产各种工艺品。其中最引人注意的是，扎拉夫尚河流域一带以后作为绢和棉织品的产地在伊斯兰教各国中享有盛名。再有，对西方近世文明的发达曾起过很大作用的纸，是在塔拉斯河畔唐与大食之战中被大食军俘虏的唐人，把以褴褛破布为材料的中国造纸法传入撒马尔罕，该地以此为基础，后来遂成为造纸业的中心，这是大家都知道的事实[③]。拔汗那（费尔干纳）出产铁器、武器等重要产品（那里早在汉代就已传入中国之铸造法），这时之所以特别出名，应归功于新近传入的唐之技术。总之，中国的工艺品在当时伊斯兰教国民间享有非常的声誉，以至于把各

① Drouin, *Monnaise turco chinoise*（《突厥—中国钱币》）, Revue numismatique, 1891. La Couperie, *Begining of writing*（《文字的开端》），1894，p. 166.

② F. W. K. Müller, *Uignrica*（《回鹘文献研究》）, p. 95.

③ 桑原博士《东洋文明史论丛》所收《纸的历史》第三、四章。

种精巧的工艺品都称为“中国 (Sine) 的”。精于商业的粟特人等不仅输入这些物品，并且乘机在当地或雇用唐工艺家，或自己掌握技术，大量从事于制造。但不能认为一般文化也一起受到唐的影响。在这一点上反而是他们的文化风俗流行于长安、洛阳以及唐之其他地方[1]。

① 石田干之助：《长安之春》。

第七章　回鹘的西迁与西域文化

晚唐时期回鹘部族从漠北西迁据有中央亚细亚，改变了该地长期持续的人种分布图，同时，也是这些地方文化史上的一大转变期。

前面论述的西方文化之源与传到这里的东方汉文化之源交相融合，结果在这里的文化原野上开放了前所未见的变种之花。在论述这方面的情况之前，先略述他们在外蒙古时的文化。

一般说来，住在漠北的游牧民的文化水平比较低。进入记录时代以来，由于不断与中国有密切的关系，当然要受到后者发达文化的影响。这种状况不是到了记录时代突然出现的，而从遥远的时代起大约也是这样。但他们接触的不单是中国的文化，如近代考古学者发掘和研究所表明的，在属于该时代以前的人种、或虽属于这以后但没有记载的北方人种的遗物中，也有不少属于西方系统的文化色彩。在他们属于汉代及其以后的文化中，被认为带有这两个系统的东西也应是继承了这种情况。据中国记录，虽知道有沿天山山脉地方通向阿尔泰的商路，但上溯不到唐以前。这一交通路线从史籍中所记各种事情来看，无疑在汉代就已开通，从而也应上溯这以前。有组织的商队，循着骑马民族往来之通道，以开拓商路，是自然的事情。而古来据有漠北的民族常从事中亚之经略（与后世突厥和回鹘情况一样），这说明自古以来两者之间应存在着交通关系。另外，通过更北方的西伯利亚的往来道路，因无记录可考，只能有待于考古学的进一步研究。隋唐时粟特地方的人曾广泛出入于漠北的突厥族和黠戛斯部族中，活动于各个方面，这也不是突然出现的，而是承继以前的情况。天宝初统一漠北的回鹘部中，像以前的突厥情况一样，许多粟特人进出很活跃。唐代史乘中屡屡和回鹘部一起提到的九姓胡就是这种人。回鹘助唐平定安史之乱后，唐与回鹘的关系更加密切，回鹘人往来于唐或留下居住的多了起来，同时唐人入回鹘地区的也很多，从而唐文化给予回鹘之影响也愈加显著。同时居住在唐的西方摩尼教僧侣以"安史之乱"为契机，随同回鹘进入其国，摩尼教也大大流行于回鹘人中间[①]。随之，粟特一般文化也配合这种新的形势，给予回鹘社会以影响。作为唐与粟特两种文化给予回鹘以影响的象征之一是为回鹘保义可汗之纪功碑。此可汗于9世纪初（808—821年间）在位，该纪功碑残存在今外蒙古鄂尔浑河左岸哈喇巴勒哈逊之废墟，为1890年芬兰的海凯勒（Heikel）氏在该地旅行时发现，翌年传入学术界。之后，于1895年由俄国拉德洛夫重新提示给学术界。后经诸家研究，知道此碑用回鹘语、粟特语及汉语三种语言写成，其中以汉文部分[②]最清楚。此碑用三种文字书写甚堪注意。一面的回鹘语用突厥时代就已在该地流行的所谓突厥文（或称叶尼塞文）书写，反面用汉字汉语及粟特字粟特语各写半面，余下写于碑之两侧。突厥字就是已为前代突厥人使用的文字（源于西方的阿拉美文字，通过中亚传入叶尼塞地方的突

① 依后面谈到的同鹘保义可汗纪功碑的汉文记事，安史之乱时入援唐朝的牟羽可汗曾携二教徒即摩尼教之僧侣自唐返回回鹘，遂使该教流传于回鹘中。

② 此碑之汉文部分很重要，有 Vasiliev, Schlegel, Devéria 诸氏之诠释，但错误很多。其中关于摩尼教的记事经沙畹、伯希和两氏之研究，已做了正确解释（见二氏前引书，第177—119页）。

厥人，渐次及于东方）。当时所谓回鹘文字，即把粟特字稍加变化的文字，回鹘人尚未使用。这个碑用三种文字和语言写成，除表明他们本来的文化外，尚表明了在当时当地有势力的汉文化和粟特文化。在突厥时代的几个碑文中虽已见到粟特人对突厥政治的影响，但尚无用粟特语书写的碑文（耿按：近年发现了用粟特语文书写的属于突厥汗国时期的碑文）。突厥文之外的文字的使用只有汉文。回鹘时代使用粟特文等三体碑文之出现，说明粟特人的势力当时不仅在政治上，也在宗教上深入回鹘社会，对其文化发生了影响。这样本来同时在接受中原和西方两种文化的漠北地方，到了回鹘时代，促使两种文化的合成作用变得显著起来，遂有这样碑文的出现。这种碑就其性质和形式来说，不言而喻是属于中国文化的。其上所刻非文字之雕刻也是如此。这样后面将谈到的东西文化合成的现象早在漠北荒野里的碑石上就已表现出来了。

处于这种文化状态中的回鹘部族，到了晚唐时代迁往西方，进而从高昌向诸方发展其势力，取代原来之居民而占有该地。于是从来固执于西方文化、对东方文化缺乏感受性的西域文化随同居民之改变，也表现出了摄取两种文化的新的合成状态。现就他们新信奉的佛教谈谈这种情况。

如前所述，回鹘人在外蒙古时已皈依摩尼教。西迁后仍维持这种信仰。10世纪初，当咸海之南的地方呼罗珊领主迫害摩尼教徒时，他们决然提出抗议来保护其同教人①。其间他们渐渐受到佛教的感化，遂有不少人改宗佛教。这一点到宋初从文献记载上也可确定。回鹘人西迁后不久就似有这种改宗者。在当地出土的，普通称为回鹘语佛典中，可看到有唐末翻译的东西。在这些佛典中，有回鹘人西迁以前由住在那里的信仰佛教的突厥族（令不多）——其中可能混居有回鹘人——译为突

① Reineud, *Grogrcphie d' Aboulfeda*（《阿布勒费达地理书》），Tom, I. Introd-wction, P. CCCLXI.

厥语的。但由于出土时混在一起，加之突厥与回鹘语言几乎一样，无法区别，文字又是用后来被称为回鹘字的字体书写的居多，所以都一概称之为回鹘佛典。但这是很不正确的称呼。实际上我们知道在回鹘佛典译出之前，已有在语言上和文字上毫无区别的突厥佛典。如上面后篇第四章论佛教经典谈到其题跋的突厥语佛典即属于这一类。另外，也有谈到译为回鹘语的题跋的[①]，以及虽无题跋，但有其他可认为是回鹘语证据的佛典。也有许多很难区别是突厥抑或是回鹘的东西。在这里所谓回鹘语佛典中有属于回鹘西迁以前的，也有属于西迁后不久由摩尼教皈依佛教的，这从新出土的资料中可以找到证明。

关于回鹘佛教出于什么系统的问题，现知其佛典中有像突厥佛典一样出自西方原典的，有译自藏文的，也有许多译自汉文的。中国撰写的伪经之类也有译为回鹘语广为流传刊布的[②]。特别应注意的是，有名的玄奘三藏的传记《慈恩寺三藏法师传》也出现了译本[③]。这表明这时已无人认得自古代起在该地流传的吐火罗语和于阗语佛典了。还说明回鹘佛典的特点及其佛教系统是广泛取自东西两方。

这种在回鹘人所通行的出自诸方系统的回鹘文化，并不只限于佛教。其他的例子有：多半是与摩尼教的传播一起传来的珍贵的《伊索寓言》[④]一节的翻译，从而知道这种文学也在回鹘人中流传过。再有，关于日常生活的占卜，也是使用东西两个系统的方法：一方面从基督教《圣经》中随便地选出一些文句，以此来占卜吉凶祸福；另外也输入了

① Radloff, *Kuan-ši-im Pusar*（《观世音菩萨》），p. 27 and 47. 勒柯克：《高昌发现的摩尼教书残卷》，载《汤姆森纪念论文集》。

② 例如所谓《天地八阳神咒经》伪经的翻译（羽田亨:《回鹘文天地八阳神咒经》，《东洋学报》，第五卷，第一、二号）曾十分流行。这从各国探险队从各地发现搜集的东西中可看出。

③ Gabain,《玄奘传回鹘文译本》，载《德国科学院纪要》，1935 年，VII；1938 年，XXIX。

④ Le Cog, *Türkische Manichaica aus chotschol*（《高昌出土突厥语摩尼教文献》），III, p. 33.

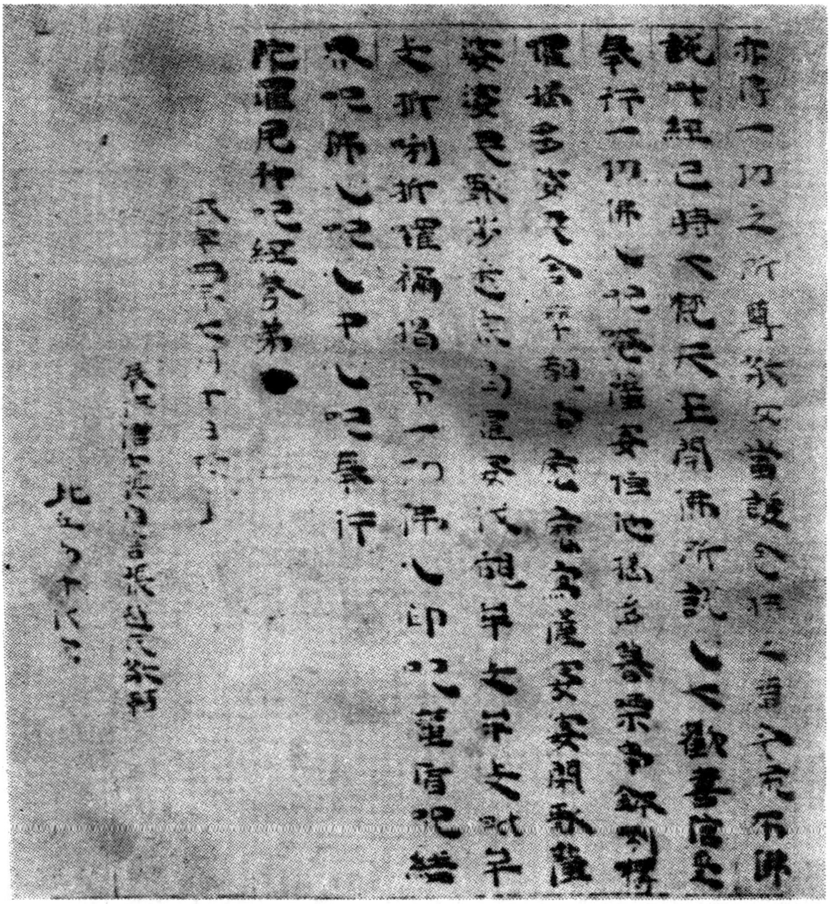

图十五　《陀罗尼神咒经》

敦煌出土经卷，为西晋威宁四年七月十日之经跋，为带有年号经卷中最古者。

中国易卜的知识。这从两者都译成回鹘文的出土书籍可看出[1]。这方面还有许多其他的例子，这里不一一列举。

总之，在新转入定居生活的所谓回鹘文化的处女地上播下的所有种子都得到了发育生长。在这些不同文化之间，随着时间之推移，自然产生了融合混成之势。这种融合混成就是回鹘文化的特征。在此以前的时代，西域人和汉人各保有自己的传统文化，从而未能表现出明显的融合。现回鹘人则不问文化的系统种类，广泛予以摄取。这些东西在其社会中渐次混合，于是形成了浑然一体的合成文化，这一点不是不可思议的。过去西域已经发生、但尚不明显的东西文明的混合和合成，由于那里的西域人和汉人各固守自己的文化而未能形成，但到了没有这种偏见、处于较低级文化状态中的回鹘人据有该地后，这就成了不可避免之势了。换言之，西域地方这种合成式文化的产生是伴同回鹘人占有该地而产生的必然现象，现举一二例子来说明这种合成情况。

回鹘人西迁后不久就从摩尼教改宗佛教，他们在这种改宗中把摩尼教的思想带入佛教中，从而使人可看到这种混合和合成之迹。如回鹘佛教中用摩尼教诸神之名来称诸天和恶魔之名，如梵天（Brahma）称Äzrua，帝释（Indra）称Khormuzta等。Äzrua是伊兰神Zerwan之音转，Khormuzta是Ormuzd之音转。管恶魔的称作Šamnu，也同样来自摩尼教。人们可能认为这只不过是名称之转用，但我们不能忽略至少在转用之当时，在摩尼教与佛教之间已有某种脉络相通了。换言之，这里可看到一种神佛同体思想的存在。之后，这些名称也同样用于蒙古佛教，这不外是回鹘佛教对蒙古的影响而已。

再有一例，可从当地回鹘摩尼教徒中使用的一种历书看到。这种历用粟特语写成，每日同时记有粟特、中国、突厥三种名称，即每日上先记粟特语的七曜日的名称，次记相应的中国的天干即甲乙丙丁等音，其次

① 羽田亨：《西域文明史概论》，第168—170页。

配以鼠、牛、虎、兔等突厥人记日用的十二兽名，再在其上译中国的五行名称即木、火、土、金、水为粟特语，隔二日用红字记之。这种历虽为当地使用粟特语的摩尼教徒所用，但可看出这里三种文明合成的情况，也很好地代表了当地当时文化的性质。

同样的倾向也可在他们留下的美术品中清楚地看出。上面谈到唐代因有许多汉人出入西域，逐渐产生了融合了唐与西域两种画风的艺术。这种情况到了回鹘时代表现得更加明显。在有回鹘语题词和回鹘文的壁画、藻井画，乃至无疑是画在纸、布上的当时绘画中，可清楚看到许多这种合成之迹。学者们中针对这一特征用回鹘式这一名称来称这一新时期的画。

以上简略说明了回鹘文化合成之特征。作为合成的要素，是东方即中国文明为主抑或属于西方系统的为主，这要由其种类、时代和场所来决定，不能一概而论。有人认为回鹘文化主要是属于西方文化[①]，这是极其肤浅的意见，不足为据。

① Le Cog,《新疆文化的宝藏》，第 5 页。

第八章　突厥族与伊斯兰教

9世纪末到10世纪，粟特和花剌子模在萨曼王朝统治时代，首都布哈拉的繁荣在领主伊斯玛仪（Ismail）统治下达到了极点，成为东方伊斯兰文明的中心。上面（后篇第四章）谈到以楚河河畔的巴拉萨衮为根据地的突厥族酋长萨土克·布格拉汗于10世纪下半期率20万帐归信伊斯兰教（该事件即发生在萨曼王朝统治时）。这表明伴随其势力的发展伊斯兰教在东方进出的情况。依唐初玄奘三藏目睹的情况，原来此地的突厥族大概主要信仰拜火教。这时由于受到来自当时粟特地方的影响，才有这种大批改宗的事。

10世纪末起，萨曼王朝衰微，在内部纷争的情况下，领土内的突厥族逐渐得势，自称君主。到了该世纪的最后年代，布格拉汗的后嗣伊利克（Ilik）汗遂进入布哈拉取代萨曼王朝。这个王朝的势力达到天山南路的西部大概从这时开始。据伊斯兰教史学家的记载[①]，1043年有巴拉萨衮和天山南路的喀什噶尔（汉代的疏勒）附近突厥族1万帐归信伊斯兰教。这应是领有粟特地区的布格拉汗朝，即黑汗王朝发展其势力于

① 巴尔托里德：《中亚基督教史》，第50页引用伊本·艾西尔（Ibn al-Athir）的纪事。

天山南路西部的结果。到该世纪末，喀什噶尔南的叶尔羌（汉代以后称莎车）也传入了伊斯兰教。这从当地新出土的文书可以得到证明。该文书[①]为伯希和所获，内为写有1096年日期的关于当地突厥人买卖土地的内容，当事人要在穆斯林官员面前宣誓。用语为阿拉伯语，书式为穆斯林中间流行的普通形式，署名混用阿拉伯字和回鹘字。伊斯兰教传播以前流行于天山南路突厥人中的这种文书的用语为突厥语，书式全模仿唐时的形式。由于伊斯兰教的传播，才有上述这种变化。

伊斯兰教在突厥人中的传播，像其他宗教例如摩尼教传播的情况一样，不单对他们的信仰，也对其一般文化的发展起了重要作用。如前所述，穆斯林都要直接学习阿拉伯文经典，随着伊斯兰教信仰的盛行，阿拉伯文字和语言也在教徒中得到迅速地传播。从而在阅读圣典以外的用同样语言写的书籍并获得各种知识的同时，也为用突厥语阿拉伯字母撰写著作开辟了道路。著名的《福乐智慧》（Qutadatɤu Bilig）的发现就是这个势头的开端，为当地突厥文学兴盛揭开了序幕。此书为巴拉萨衮人尤素甫（Yusuf）于1069年在喀什噶尔写成，是献给哈拉布格拉汗的。依现存维也纳写本，全书由73章组成，用当时该地流行的突厥语韵文以阿拉伯字写成。尚有用回鹘字书写的抄本，这是为不懂阿拉伯字的人专用回鹘字抄写的。其内容为从伊斯兰道德立场，说教处世之道，把正义、幸福、智慧、知足四者人格化，用这四个人的问答形式来表述正确之道。著者说此书主要是为王者写的，但也适用于民众。著者又说用阿拉伯语、波斯语写成的这等著作很多，但用突厥语写成的这是第一次，突厥人对此书能用突厥语写成，会感到惊叹。在当时当地穆斯林间所谓书籍，一般只知为波斯语、阿拉伯语的，现在看到有用阿拉伯文字拼写自己语言的大部头著作当然要感到惊异和得意了。应当承认，在当地突厥族的文化发达上，信奉伊斯兰教当起了很大作用。

① Huart, *Document de Aisie Centrale*（《中亚出土的文书》），JA, 1914.

在这突厥族穆斯林文运进步的开始阶段，尚有与《福乐智慧》几乎同时编写的用阿拉伯语解释的《突厥语大词典》①，但文化一般水平的提高不是很容易的，突厥文学引人注目的发展尚有待300年以后。两河地方由于突厥族的侵占，粟特人遭到毁灭的命运。古粟特文明到了11世纪中期也和其语言一起差不多已消亡，代之而起的为在当地得到发展的同属伊斯兰语的波斯语。由于宗教上的关系，阿拉伯语当然占有优势。但阿拉伯语属于闪（米特）语系，与伊兰民族的语言不同。当穆斯林征服波斯后，东方伊兰民族在各种事情上总是与巴格达教主的政教合一政权发生捭阖，他们在语言和一般文化上仍顽强地执着于固有的传统。在从来通行于中亚到东亚的粟特语灭亡后，代之而起的波斯语直到突厥文字兴盛时为止，一直保持着这种状况。蒙古时代波斯语成了中亚及其以东的国际语。

蒙古领有中央亚细亚是西域史上的大事件。从文化方面来看，无疑是阻碍了其前进的步伐，但也未产生什么大的变化。蒙古原为崛起于漠北的小部族，文化发达程度与附近的部族相同，到底尚未离开未开化的状态。随同其势力的发展，诸种制度也渐次具备。要之，在开始时不外是采用契丹、女真、回鹘等先进部族的东西，其中尤以受回鹘文化影响最多。蒙古袭用回鹘文字就是一个证明。认为蒙古族的活动有如恶魔之猖獗，所到之处破坏了所有文化的说法不见得妥当。蒙古人的一贯方针是，对进行抵抗的虽实行彻底的迫害和杀戮，但对不抵抗的则让其保持原样。蒙古族自己没有高度文化，所以很注意吸收所有文明的优点。在占有中亚后，即使未对其文化的发展有过贡献，但也未故意阻止其发展。所以中亚文化在蒙古族占有该地后，仍缓慢地有所发展。事实

① 1073年，Mahmud ibn al-Husain al-Kashgarí 编撰的原名叫 *Dīwān Lugat at-Turk* 的辞书。1928年 Brockelmann 用拉丁字母顺序重新编排并译为德文在布达佩斯出版，题作 *Mitteltür kischer Wortsehatz*。

上伊斯兰教并未受到蒙古政权的任何迫害，而是和其他宗教一样享有信教和宣传的自由，其教徒也得到蒙古之任用，未受任何限制。成吉思汗西征时在花剌子模首都得到提拔、以后服务于几代蒙古可汗的、在理财上建立功劳的牙剌瓦赤、马思忽惕父子两人，以及其他受到蒙古朝廷重用的穆斯林是很多的。在蒙古政权初期被任命掌管锡尔河、阿姆河之间地方民政的有名的Jumilat-ulmulk，不言而喻也是穆斯林。他当时在那里建有许多清真寺和学校，蒙古人对此种事业未加任何压迫，从而此时伊斯兰教得到了更大的发展。不仅几乎扩及全部突厥人中，在新来中亚的蒙古族中也有改宗者，并给其广泛进出东亚创造了条件。

如前所述，蒙古经略中亚以后，当地主要为察合台汗国所领有。但早已定居于东西突厥斯坦的突厥人并没有像某些人所认为的那样，在人种、文化上马上蒙古化。这是因为两者的生活方式不同。蒙古人虽领有这些地方，但并未与突厥人一起过城郭生活，而是在城邑附近过着传统的帐幕生活，并以轻蔑的目光对城邑之民进行监视。习惯于放浪形迹于大自然中的蒙古人不习惯城市生活。察合台汗本人住在伊犁河上游，今伊宁（Qulja）附近的水草地带，而不是住在重要城市撒马尔罕和布哈拉内。察合台汗及其部下最喜欢的仍是过帐幕生活或与其近似的生活。元世祖忽必烈定都于大都（今之北京）过宫殿荣华生活，以致招到其北方宗族说是忘掉蒙古习俗的非难，世祖特在大都设帐幕供宴饮安居。总之，开始时蒙古人与突厥族中的定居部族过着相互隔离的生活，从而突厥族在原来文化、人种上未受到大的影响。但这种情况并不只是开始时的暂时现象。大多数蒙古人在其势盛时似保持同样的状况。与帐幕生活有关的如斡耳朵（Ordu）、阿乌尔（Aul）等词语在论及其后的中亚蒙古族历史时仍不断出现。但因非集团的比较少的人，首先是蒙古族中属于上层阶级的逐渐转入城郭生活，以及因需要转入城郭生活的渐渐增加，随之在人种文化上也产生了影响。但这种影响比起蒙古族影响突厥族来，不如说突厥族对蒙古族的影响更大。就是说，这些蒙古族由于生活方式的改变，先是受到突厥文化的影响，不久又学会突厥语，信奉伊斯兰教，或娶突厥女子为妻，生下混血儿。随着这种人的增多，最后只剩下族姓的空名了。但这种情况需要相当的岁月，不是马上可以出现的。

总之，伊斯兰教先在据有中亚西部、中部的突厥人中传播，逐渐波及于其中的大部分，并对这些民族的文化发展曾起了很大的作用。比起过去佛教和摩尼教对一部分西突厥和回鹘部族文化影响来，伊斯兰教在这方面有过之而无不及。看不到这一点，就理解不了以后突厥族的文化。

第九章 帖木儿王朝与突厥文化

察合台死后120多年的中央亚细亚，概括起来为权力争夺的时期。其间有属于其后裔的30多人在互相逆废黜中登上王位。1321年左右，包括东西两突厥斯坦在内的察合台汗国领土及1310年灭亡的窝阔台汗国领土的大部分都统属于一个君主的治下。其后分裂为西部即伊斯兰教史学家所说的河中地（Mavara-un-nahr，也即Transoxiana）和东部蒙兀尔斯坦（Moghulistan，或称“察台”Jata）两部分，各立有君主。河中地以外的察合台朝的领土为包括天山南北在内的、称为蒙兀尔斯坦或察台的地方。在这种频仍的王位争夺亦即不断的内乱中，占居民大部分的突厥人常被驱使参加各种斗争，而他们辛苦建筑起来的繁荣城市，则为战乱所掠夺破坏。尤其是分裂后的西部即河中地的情况很惨，在约50年间有15人相继立为君主。在这些君主中有的已归信伊斯兰教，例如分裂前1308年即位、并以布教为己任的塔立克（Talik）汗，以及因轻视蒙古族视为神圣的成吉思汗遗法和重视圣典《古兰经》而遭非难的塔尔马西林（Tarmashirin，约1321—1334年在位）等。但这种个别统治者的改宗对改变上述情况并未能有什么贡献。蒙古占据中亚后的这种形势延缓了突厥文化的发展。

分裂后50年间持续在河中地的混乱局面，由于有名的帖木儿崛起而告终。不仅如此，其势力远远超过察合台朝一统的时期，出现了中亚史上未曾有过的辉煌时代。过去百余年间未得发芽之文化，同春天之草木一样，很快地开出灿烂的突厥之花来。初次植根于阿尔泰山谷中之花，能够初次开放，实有赖于“跛子”帖木儿。

帖木儿家族出自蒙古的巴尔拉斯 (**Berlas**) 氏族，起自何时却不得而知。但至迟在其父时已领有撒马尔罕南的竭石 (**Kesh**) 地方。帖木儿生于此城，育成于这个早已脱掉蒙古外壳的突厥文化之中。像英雄通常所有的那样，帖木儿的道路也绝不是平坦的。但他战胜了这些困难，于1370年领有了河中地带。由于撒马尔罕不久以前是察合台朝的名城，帖木儿也奠都于此。并且以后整个一生都努力于这个他所喜爱的城市的经营。成长于战乱中的帖木儿在读写方面，除突厥语、蒙古语外，尚通波斯语，好读战史传记之类的书，也喜欢听医学家、天文家、法律家的谈论[①]。其信仰当然是伊斯兰教，以先知之祈祷来开启胜利，这是他最热烈的愿望。具有这种教养和信仰之人，靠着其天赋的武勇和机智完成了统一大业，随之而来的当然是文运的开发。他让内外技术工艺家在撒马尔罕修建了王宫、清真寺，设立了学校，修筑了运河，使曾目睹过此城破坏情况的人为之惊叹不已。诸种文化设施的实行、宗教上新的信徒的产生、学习突厥文学的兴盛，都开始于这一时期。

前面虽谈过11世纪下半期尤素甫的《福乐智慧》曾揭开了突厥文学的序幕，但之后沉寂了300年之久，现在由帖木儿再次揭开了。所谓《帖木儿自传》(**Tuzak-i-Timuri**) 和其法制或认为是写给其子孙的传记**Tuzukat-i-Timuri**等，都是用所谓察合台突厥语即察合台朝领地内的突厥语写成的。1424年夏拉夫丁 (**Scherefuddin**) 受帖木儿孙子易卜拉欣

① Skrine and Ross, *The Heart of Asia*（《亚洲的心脏》），1899，p.172，Note, I.

素丹（lbrahim Sultan）之命用波斯语所写的帖木儿传《胜利书》（*Zafarnama*），就是以前记《帖木儿自传》为蓝本写成的。这样，在帖木儿时代，除作为书面语使用的阿拉伯语、波斯语外，又出现了用突厥语写的作品。这一点作为民族精神的发扬引人注目。帖木儿本人虽为蒙古族系出身，但如前所述，他和其属下都早已突厥化，是成长在突厥文化中的人，认为突厥文化就是自己的文化。我们知道，帖木儿很羡慕他祖先成吉思汗的伟业，并以恢复其大业为己任。这一点不是偶然的。在完成伟大经略后，他毅然废除长期以波斯语著述的习惯（虽然他也通此语），发扬自己固有的文化，提倡突厥文学。这都是民族自觉和文化意识的发扬，值得重视。由于帖木儿所持的态度和方针，该王朝时代遂成为察合台文学的鼎盛时期。如据有赫拉特、在平定帖木儿死后爆发的内乱后统治全域的其爱子沙哈鲁（Shah - Rukh）除波斯语外，擅长突厥诗，他写给其爱妃的抒情诗，现在尚残存在赫拉特人的故事中。再有其孙艾哈迈德·米尔札（Ahmed Mirza）和伊斯坎德尔（Iskamdar）留有现仍为人赞赏的诗集。再有如沙哈鲁之子巴依松古尔（Baisanghur），除是书法家、画家、音乐家外，也以诗人知名。在这方面特别有名的是巴布尔（Babur），他的自传《巴布尔回忆录》（Baburnama）实为察合台文学的范例。这里举出的不过是帖木儿家族中有名的作家。此外，在其周围尚有许多学者、名人以及他们所写的许多著作。总之，察合台突厥文学在帖木儿时兴起，并大体继续发展于整个帖木儿王朝时期。

在帖木儿王朝时期，不独发展了突厥文学，实际上从撒马尔罕、布哈拉开始，当时各地穆斯林学者、文学家人才辈出，他们主要是以阿拉伯语撰述作品，开创了以后伊斯兰文学昌盛的时代。这些都应视为该突厥王朝对文化史上的贡献。另外，对突厥文学的重新兴盛，民族意识的发扬，这个王朝更具有极大的意义。

促使文学兴盛的这一王朝也致力于美术工艺方面的创作。首都撒马尔罕及布哈拉、赫拉特等许多城市都以其绚丽的装饰使当时内外人士为之倾倒。其残迹保存到现在的也不少。所谓“成吉思汗破坏，帖木儿建设”，应视为适当的评语。

还应提到沙哈鲁之长子兀鲁伯（Ulūɤ Beg）的功绩。使撒马尔罕作为中亚明灯的功绩应归功于他的活动。兀鲁伯曾代表其父沙哈鲁治理该地40年。撒马尔罕新建了许多宫殿、清真寺、会堂、学校，其壮观与华丽曾使巴布尔为之惊叹不已。在他统治下，突厥、阿拉伯、波斯文学十分繁荣。特别值得注意的是他在天文学上的功绩。他自己是一个优秀的天文学家和数学家，喜欢从事天体观察。1428年始他在Kohik山上建设了著名的天文台，引起各方学者从事这方面的研究，最终在1437年完成了有名的兀鲁伯天文表。这是穆斯林编纂的这类著作中最精确的[①]。总之，兀鲁伯一代是整个帖木儿王朝文运的极盛时代。当时河中地的人民以撒马尔罕为中心，创造了辉煌的文明。

这里再谈谈此时期的交通贸易情况。继粟特人之后居住在撒马尔罕一带的萨尔特人（Sart）（见前篇第十一章）长于经商，在各种恶劣条件下，他们仍从事于东西诸方的贸易。随着帖木儿势力的扩大，交通、治安条件之改善，他们的贸易也愈加发展。对东方代蒙古王朝而起的明朝，帖木儿早在洪武二十年（公元1387年）就以通好的形式派去官家的贡使商队，到洪武二十八年几乎每年不断。此外，私人商队也不少。如洪武二十一年明大将兰玉东征捕鱼儿海（Buyur Nor）时，捕获有经商来到那里的撒马尔罕商人数百人，后送回本国[②]，就是一例。对帖木儿派遣贡使，明朝也曾派出官方的报聘使臣。就是在官方的贡使、报聘使臣未有往来的时代，中国商人与萨尔特人之东来相对应，曾私自到撒马

---

① C. Markham, *Embassy to the Court of Timour*（《出使帖木儿宫廷记》）, P.L III, note, 3.

② 《明史·西域传·别失八里》条。

尔罕从事贸易。倒如在与西域交涉比较少的宋代，撒马尔罕城的东门被称作“中国（Sina）门”，每年春季中国商人满载物品，络绎不绝地从此门进入。这一点在上述的1069年写成的《福乐智慧》中有明确记载，这种情况到了帖木儿时代有了进一步发展。但1396年（洪武二十九年）以后到1405年（永乐三年）帖木儿死时止，帖木儿停止了向明朝派遣贡使。这是因为此间帖木儿正从事于西方的征伐，并计划远征明朝，所以中断了从来的友好关系。帖木儿死后第二年即永乐五年（公元1407年），在撒马尔罕自主的其孙哈利勒（Khalil），送还了被其祖父扣留的明朝使臣，再打开中断10多年的向明入贡的关系。以后在整个兀鲁伯时代，撒马尔罕与明之间的这种关系不仅保持下去，而且在其父沙哈鲁所领的赫拉特以及其他帖木儿朝诸王统治下的重要地方，也同样保持了这种关系。明以外，尚有其他国家的使节和商品集于当时的撒马尔罕，这从1404年西班牙Kastir王亨利三世派到那里的使节克拉维约（Clavijo）留下的旅行记可知。旅行记中一节记有“每年从中国（Cathay）、印度、鞑靼（Tatar）各地运来此城的商品极多。由于没有整理出卖的场所，王（帖木儿）下令修筑备有商店的街道，这些街道从城市的一端通到另一端，街道甚宽，上遮以圆盖屋顶，为了让光线进入，隔一段距离置有窗户”[①]。克拉维约在撒马尔罕曾碰到有800峰骆驼驮的商品（这些商品中主要有绢缎〔sctin〕、麝香、红宝石〔ruby〕、钻石〔dayamondo〕、珍珠、大黄等）的明使，他们在当年六月到达撒马尔罕。另外服务于帖木儿军中的巴伐利亚的约翰·施尔特别尔格（John Schirtberger）在其纪行中也谈到他同样碰到过这个使节队，说他们有400匹马。所传虽不一致，但从中可知一个商队一次输入的商品是不少的。在帖木儿王朝时期，撒马尔罕由于王朝的势力和萨尔特人传统的商业贸易，成为各方商品的集合地，显示了从未有过的繁盛。

① C. Markham，《明史·西域传·别失八里》，第165页。

然而这种情况随同1448年沙哈鲁之死而为之一变，中央亚细亚又回到内争与外患中。之后帖木儿后裔尚君临此地达半世纪之久。其间也曾有时恢复过旧状，但随着王朝的没落和不统一，文化也遭到了蹂躏。通而观之，帖木儿王朝的出现，使中央亚细亚最主要的地方免受游牧人的破坏，完成了它建设有秩序的社会、发扬突厥文化的使命。

第十章　其后之概观

在前篇的最后，我们曾简略叙述了公元1500年居于咸海北的乌兹别克人南下进入撒马尔罕，开创了所谓昔班尼王朝的情况。这时兀鲁伯时代的撒马尔罕遭到了破坏的厄运，变成一片废墟。这从目睹此事的《巴布尔自传》中可看到。侵入的乌兹别克族不久虽在花剌子模和希瓦建立单独的汗国，但其势力远比不上前朝。诸方草原游牧民不在其治下，并不断袭击定居民众。其后之中央亚细亚成为割据诸方的未开化的穆斯林小君主争夺势力的舞台，从而该地区所有地方都呈现出停滞不前的状态，失掉了呼吸异族先进文明气息的机会。加之，这个时期世界情况的变化也加剧了中亚的孤立隔绝状态。

当昔班尼汗家进出两河地方时，恰值欧洲发现东方航路、以葡萄牙为先锋通过海路往来东方之时。从此以后，中央亚细亚就失去了它在东西交通史上过去所具有的意义。如果此地能像蒙古时代那样，整顿交通和其设施以减轻行旅困难，那么东方航路的发现或许会推迟，或者东方航路即使被发现，中亚在东西交通史上的作用也不至于马上丧失。但不幸的恰在这时，中亚丧失了统一，陷于混乱不安的状态中，所以无人甘愿冒危险和困难选取中亚这条道路了。

凡某一民族的文化发展与衰退，在多数场合下要视其与其他民族有无接触，这已成为一般的原则。当帖木儿王朝维持统一势力时，和文化发达的四邻诸国民族的接触就密切；当陷入隔绝状态时，中亚文化就渐次衰落下去。而这时期曾陷入隔绝状态的欧洲文化却得到了显著发展。继文艺复兴后，欧洲在17、18世纪时，科学和文化有了长足的进展。之后由于18、19世纪时发生了产业革命和科学的进步，欧洲文化面貌遂之一新。而直接、间接与欧洲失去接触的中央亚细亚关于这些几无所知，依然处于旧日的状态中，而远离了近代文明圈。

在此期间，地接俄国和中国的中亚民族，虽与这些国家有某种程度的交往，但到底未能受到大的文化影响。而这些国家也因各种事务未能进而伸其势力于此。所以中世纪以后明代记录中关于中亚事情不过只留下一些暧昧不明的记载，而当时俄国的有关材料则更贫乏。例如咸海作为与里海不同的湖水首次出现在17世纪末莱梅佐夫 (Remezov) 的地图上。在东方，清朝由于对准噶尔之战争渐次扩展其势力于此。西方俄罗斯在经营西伯利亚之后向南发展，直到19世纪，特别是其后半期臣属霍占德 (Khojand)、布哈尔、希瓦等汗国时为止，中亚地区一般就处于如上的隔绝形势中。在此之间其内部更益发浸透伊斯兰教的信仰，不论城市或草原地带都一律涂上了伊斯兰教色彩，在政治、社会和文化上都被置于在当地具有势力的伊斯兰教宗教人士的控制之下。俄罗斯与上述三汗国之攻掠争夺，清朝与东部中亚之纷扰，都是出于该领域穆斯林之意图。在这种停滞、犹如黑暗时代之后，迎来新时代的曙光时，中央亚细亚已落在时代后面太远了。最后，当其东部归居清朝，西部归属俄罗斯后，才开始接触了近代文化。关于这期间的文化及其政治史，将留待另一机会加以考察。

图书在版编目（CIP）数据

西域文化史 /（日）羽田亨著；耿世民译. -- 北京：华文出版社，2017.7（2022.8 重印）

ISBN 978-7-5075-4718-4

Ⅰ. ①西… Ⅱ. ①羽… ②耿… Ⅲ. ①文化史 - 西域 Ⅳ. ①K294.5

中国版本图书馆CIP数据核字（2017）第162225号

西域文化史

XIYU WENHUA SHI

著　　者：〔日〕羽田亨
译　　者：耿世民
策　　划：杨　平
责任编辑：杨　宁　郭俊萍
特邀编辑：马芙蓉
出版发行：華文出版社
社　　址：北京市西城区广外大街305号8区2号楼
邮政编码：100055
网　　址：http://www.hwcbs.cn
电子信箱：silkroadlibrary@qq.com
电　　话：总编室 010-58336239　发行部 010-58336267
责任编辑 010-58336254
经　　销：新华书店
印　　刷：北京画中画印刷有限公司
开　　本：710 × 1000　1/16
印　　张：8.75
字　　数：60 千字
版　　次：2017 年 7 月第 1 版
印　　次：2022 年 8 月第 3 次印刷
标准书号：ISBN 978-7-5075-4718-4
定　　价：38.00 元